揭開生命從誕生以來即存在的財富烙印

# 有錢人不一樣的財富印記

# Karma Management

## The Rich Different Fortune Stigma

金・卡洛斯 Jim.Carlos,Ph.D——著 張清——譯

# 推薦

這本書，不同於一般經濟與管理書籍，它從不同層面分析財富的意涵，從不同角度去了解如何創造財富、運用財富、然後超脫財富，讓大家都成為一個內外都富裕的人，卻又不受它的羈絆。

——蔡岳勳（國際導演，執導《痞子英雄》電影）

我是一名虔誠的基督徒，過去非常不相信有關靈性領悟的任何事物，但是在與金博士諮商過後，完全改變我對於靈性領域的視野與態度。這對於我的事業非常有幫助，因為外在世界的一切，其實是我們內在狀態的顯現，只要我能培養強大的內在，就能控制外在世界的一切，進而創造財富。

我讀過無數的商管相關書籍，《有錢人不一樣的財富印記》不同於這些書籍，這本書注重的關鍵點在於每個人的內心富裕狀態，而不是汲汲營營於外在世界的財富。我也深刻體悟，只要我們內心富裕，外在的財富資源就會源源不絕地進來；我在事業上的成就，與內心富裕狀態關係非常大。

金博士所創的「三大印記清理法」，讓我從根本去解決人生的問題，包括我的事業、感情與家庭等，都呈現非常大的改變，這是前所未見的。這個方法真的是上天給的禮物，讓我們世人能夠得到救贖；我也由衷的感謝，金博士將它分享給更多的人，讓更多人找到自己的富裕。

《有錢人不一樣的財富印記》是本神奇的書籍，它能帶領你找回自己內心的富裕狀態，這對任何人都非常重要。不管你目前的財富有多少，即使是很有錢的人，也不一定體驗到真正的富裕，因為他們不停地追求金錢，只是為了滿足自己對於財富的匱乏，這是我從這本書領悟到的重點。

——Belinda J. C. Chen（英國皇室御用保養品牌 Heaven 總裁）

我非常感謝能得到與金博士一對一諮商的機會，那次的諮商讓我印象非常深刻，發現博士也能使用華語與我應答，讓我這名亞裔商人，倍感親切。那次的諮商大大幫助了我，讓我在事業經營上有很重大的突破。博士告訴我，原來我所經營的皇家酒，本身就具有高能量的波動，可以幫助清理三大印記，是提升財富的清理工具，這讓我非常吃驚！他告訴我，只要我依循財富宇宙法則與富裕思維，便可以自然而然創造更大的財富。

三大印記清理法幫助我在現實生活得到富裕的物質生活，然而其實根深於我內心漸盈漸滿的富裕思維，這讓我徹底改變看待世界與人生的態度，用不一樣的角度與眼光營造豐富美滿的生活。

透過金博士所傳授《有錢人不一樣的財富印記》中的三大印記清理法，讓我的事業在加拿大突飛猛進，這一切，讓我感到有股特別的能量之流，引領我不斷的往豐盈的道路前進。不管是客戶開發、人才尋找、通路拓展、市場延伸等，任何有關公司經營的狀況，都彷若安排好，一切都恰到好處地發生，讓我不得不相信，這必然符合某種既定的定律。

當我持續地清理三大印記，近幾個月我突然接到許多非常好的點子，讓我的公司能在一片經濟低潮下，仍保持住一定的營業額。我深知，我必須將自己創造財富的一大部分，藉由分享的方式捐了出去，讓更多人體驗到豐盈，這才讓我真正了解自己的生命，不論是物質還是心靈，都是如此豐沛與富足。其實真正的富裕，就如同這本書所強調，關鍵不是在你擁有多少財富，而是你看待以及運用財富的思維模式。

如果你徹底遵循《有錢人不一樣的財富印記》中的方式，我相信每個人都能夠創造屬於自己的財富，因為正如金博士所言：「所有人生下來就是富裕的。」

——Shawn Wu（加拿大皇家酒廠〔Canada Royal Winery〕董事長）

# 目錄

## Ch 1 富裕的三大印記與七大課題 13



## Ch 2 有錢人的富裕印記 51

# Ch 3 世界印記富裕學 75

Ch 5

## 關係與賀爾蒙印記 171



Ch 6

## 三大印記清理，回到最初完美狀態 201

## Ch 7 創造富裕／三大印記／人生七大課題 Q&A 233

Ch 1

# 富裕的三大印記與七大課題

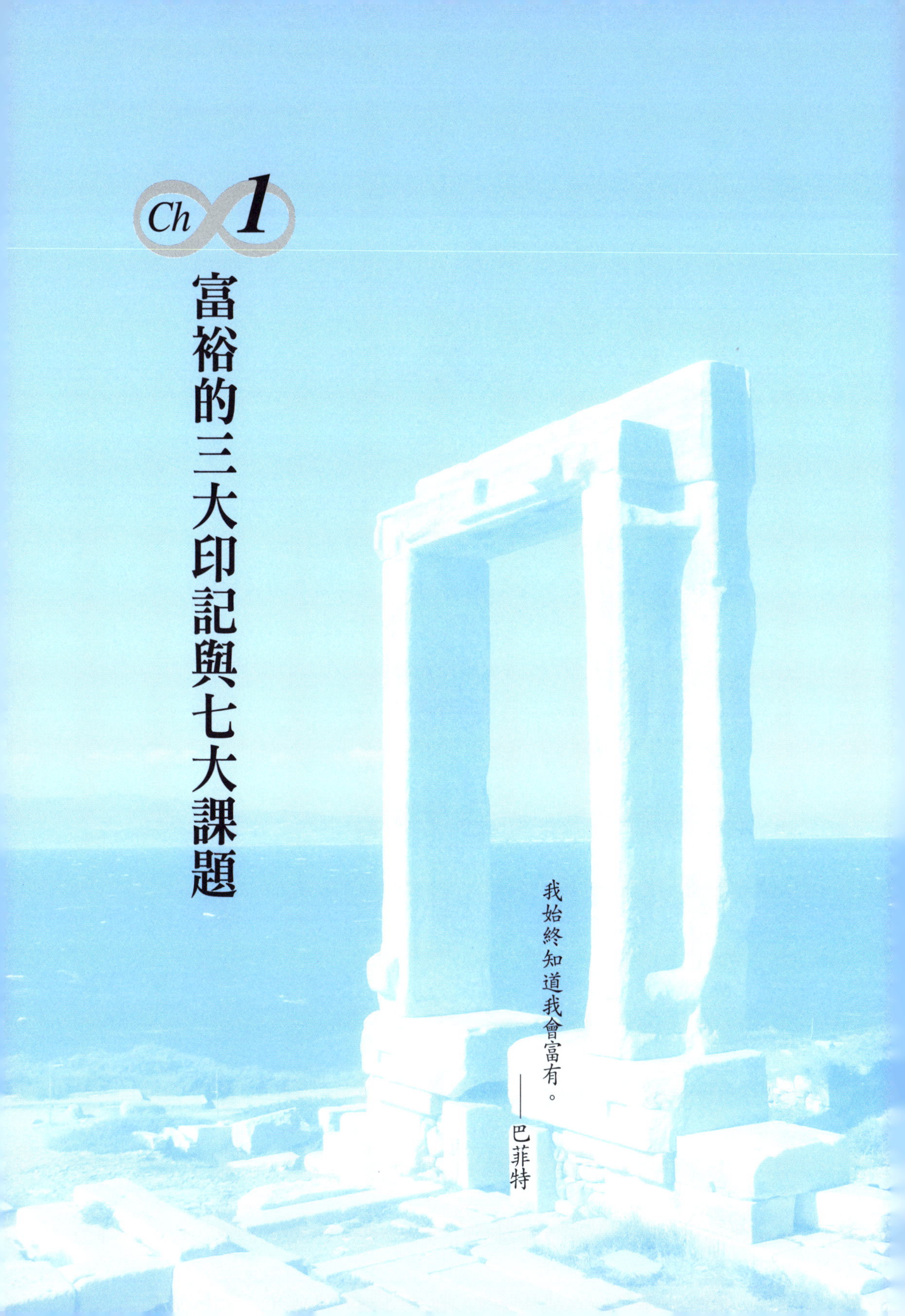

我始終知道我會富有。

——巴菲特

財富印記是埃及王室歷代所流傳的波動能量。
幾千（萬）年前，埃及法老王與祭司們，
將宇宙真理記錄至金字塔內，隱藏此財富源頭的智慧，
唯有被選中的法老及祭司，才能獲得最高財富印記，
然而這本書即將為你揭開這份潛藏已久的智慧。
獻給渴望了解財富源頭祕密的你。

## 富裕的三大印記

人們常認為自己是憑藉著自己所控制的外力來生活，真相是，生命是受未知的力量所支配。

——金・卡洛斯

埃及（Egypt）曾是歷史上一個充滿神祕與宇宙力量的偉大文明帝國，它的歷史可以追朔至西元前三千年，整個將近五千年的歷史中，埃及文明經歷過多神教、希臘羅馬時期的基督教，以及阿拉伯人伊斯蘭教信仰的洗滌。這樣一個承載了眾多歷史事件、宗教信仰的古老帝國，早在幾千（萬）年前，古埃及法老與祭司早已明白最高財富印記的運作法則。

宇宙律法的條文，最早是來自於古金字塔內法老的三大印記之中——祖先印記、負債印記、賀爾蒙印記。古埃及人在好幾千年以前，就知道命運是由一系列的印記磁場所組成，而財富印記是最古老的波動共振科學；現今的量子物理學，就是以埃及磁場（印記）醫學為基底。

三大印記影響著所有的輪迴轉世靈魂，並詳細的記錄著每個人的思考、言語與行為。隨著時間的推演，靈魂印記的龐大累積，讓世界衍生出種種生命的問題與考驗。

## 從人類誕生時，即存在三大印記

生命的「三大印記」，從人類誕生以來，便記錄在所有人的靈魂檔案中，所有問題、煩惱與個人狀態的源頭，都來自於三大印記的作用與控制，包含你的人生劇本以及七大生命課題。

從人一出生時，三大印記（磁場）便記錄在人體細胞的DNA中。所有關於我們出生的資訊，包括出生年、月、日、時的組成，都代表著人生的各種訊息，這一系列的安排組成了各種印記，構成了我們基本的人生劇本。這些印記，除了包含著自己的過去世與未來世，還包含了祖先與父母的遺傳劇本，因此即使在同年同月同日生的人，也有不同的人生劇本。

這些印記（磁場）裡所傳達的訊息，可以說是你靈魂這一世所要學習到的功課與課題，倘若一生皆沒有覺察，這一生終將活在三大印記的重複劇本中，無意識的跟隨著反覆印記劇本的安排。

## 何謂烙印的程式印記？

「印記」就像靈魂上的「烙印」，它從創世紀初即存在，且不停地累積，它表現在你的每一個細胞、DNA以及RNA中，影響我們的行為。

創世紀之初，任何一切都是完美的型態，且與神性（造物主）為一體，能量處於穩定的平衡狀態；神性為了體驗自己的「完美」，而創造了「不完美」，這便是二元世界的初始，也是一般科學稱的宇宙大爆炸。

神性（造物主）為了更快體驗自己的「完美」，祂將自己「分裂」成無限個靈魂，並制定了宇宙的法則，讓這些靈魂透過宇宙法則，在二元世界中體驗各種情境，以成就祂對自己最大的渴望。

從神性分裂的最初靈魂進入二元世界開始，「印記」便已經存在。「印記」是一種未平衡的能量，靈魂在二元世界中，就是利用能量平衡的轉換（未平衡能量轉化成平衡能量、印記的累積與清理），創造各種體驗情境，以體驗祂想體驗的課題。

「印記」可分為有形與無形兩種：有形的印記像是刺青、痣、疤痕以及身體其他有形的記號等；無形的「印記」主要分成三大類，分別為祖先印記、賀爾蒙印記以及負債印記。

對我們影響較大的是無形的「印記」，人的任何行為都與無形的「印記」相關，它是從訊息的層面去影響一個人，因此不僅影響的範圍非常廣，也較有形的「印記」具影響力。

以下為負債印記、賀爾蒙印記以及祖先印記會讓人無意識所呈現的狀態：

| 三大印記 | 印記所造成的狀態 |
| --- | --- |
| 負債印記 | 貪婪、匱乏、貧窮 |
| 賀爾蒙印記 | 背叛、內疚、上癮 |
| 祖先印記 | 逃避、分離、絕望 |

當你清理三大印記，即是開始從無意識的軀殼蛻變成有意識的活著，你的人生將有巨大的改變，一路從靈魂的靈感到宇宙造物主的最高劇本中，一步一步地蛻變。隨著你的清理，你的三大印記波動能量會開始有所改變，從房子的波動能量開始，車子、食物與任何你參與的事件波皆會有所提升。

三大印記為人生所有反覆問題的根源，只有清理到達最高財富印記，才會終止三大印記的反覆程式。當你開始願意為自己的印記負起清理責任時，一切都變得截然不同。對靈魂而言，就像是重新投胎一次，充滿能量與喜悅，即便頭腦意識無法馬上感受，但印記的波動能量已經開始改變。

清理三大印記概念

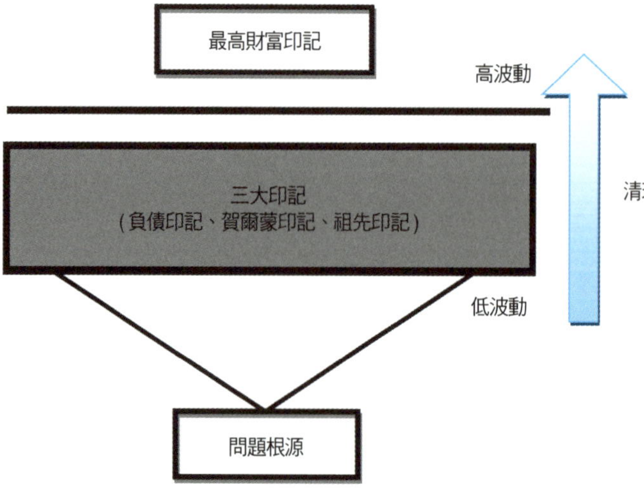


※ 三大印記為人生所有反覆問題的根源，只有清理到達最高財富印記，才會終止三大印記的反覆程式。

## ◆影響富裕的三大印記

每個人都擁有「三大印記」，三大印記組成的比例不同，所產生的問題也不同，這些問題會用不同的方式顯現，阻礙我們完成人生的課題。例如，有財富問題時，一般情況下，受到負債印記的影響較高，祖先印記其次，賀爾蒙印記影響最小；有感情問題時，受賀爾蒙印記影響最大，祖先印記其次，負債印記影響最小；有身體問題時，受到祖先印記影響最高，賀爾蒙印記次之，負債印記影響最小。

三大印記組成比例—財富問題

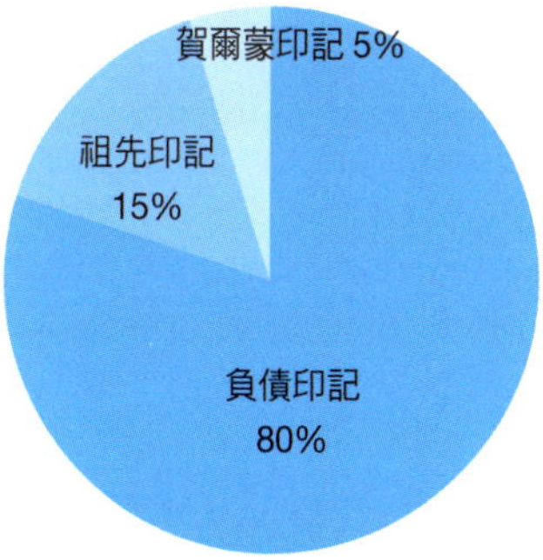


三大印記組成比例—感情問題

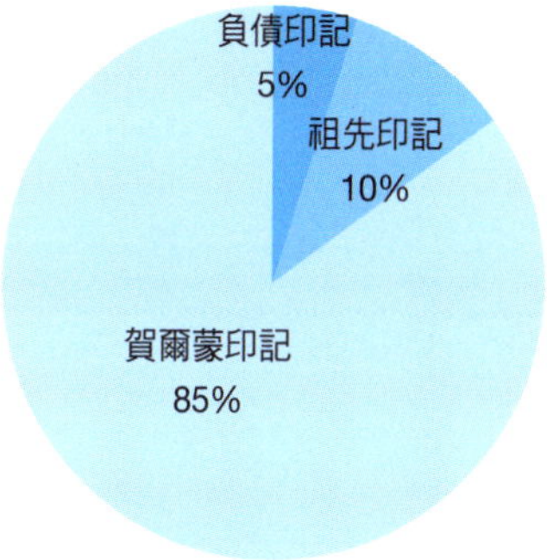


三大印記組成比例—身體問題

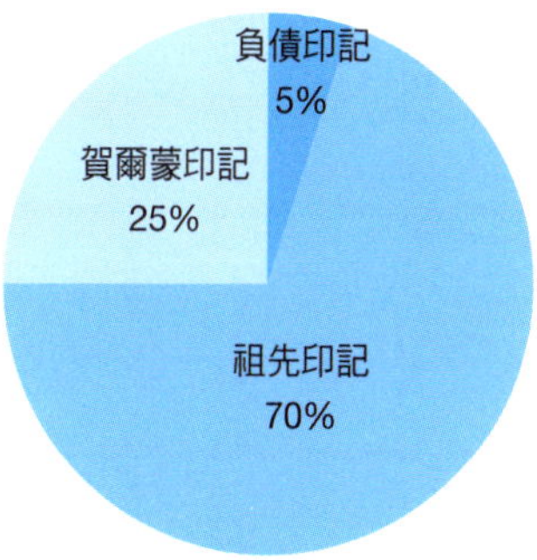

## 生命的三種印記劇本

每個人在出生前，就已經決定自己這一生的所有一切，包括出生在什麼家庭、有幾個兄弟姊妹、幾歲結婚、幾歲生小孩……等，所以你們就像是一個演員，在裡面演著這場自己指導的人生劇碼，而劇本的所有細節也全都是自己的安排。

在人生旅程中，你感受到的所有負面事物，其實並非真實，都是想讓你的靈魂體驗不同情境所設計出來的遊戲。唯有體驗負面的事物，你才能真切的感受正面，也就是靈魂原本的型態——全然的正面。

也許很多人會思考，既然我的一切都注定了，我還需要努力追求什麼？會有這樣的想法，是因為還尚未了解宇宙全面的真實。事實上，現在、過去以及未來，皆發生在同一個時空、同一點，因此任何的片刻，都是一個新的契機、新的開始，當下我們的所有選擇，將會影響劇本的一切。

如果你們把一個人的人生劇本當作是播放膠卷，放錄的過程就是你人生體驗的過程，而地球就是整個大戲院，事實上，人生就是無數的膠卷在裡面播放。大部分的人都認為自己的人生只會有一份膠卷影帶，其實每個人生都擁有無限多片的膠卷，每一份膠卷彼此相互影響，影片中所有的內容都早已經決定。你會播放哪一片膠卷，完全取決於你當下的選擇。活在當下的人，永遠都是最快樂的，因為他知道自己的選擇完全符合自己靈魂的需求，不受線性時間的局限。

然而，全世界大多數的人都在固定的劇本中循環，重複播放特定的膠卷。要如何從不斷反覆與固定的劇本中改變與突破？你們首先要先了解，人生分成哪幾種劇本。總括而言，人生劇本可分成三種，分別為「反覆印記劇本」、「平衡印記劇本」以及「最高靈魂劇本」。這三種劇本是一種連續的概念，也存在著重疊的部分，每一種劇本之內，皆會有所差異。

## 1.反覆印記劇本

反覆印記劇本是最常見的一種劇本，基本上地球百分之九十五以上的人，都在反覆印記劇本中，體驗各種人生的狀況，如同播放著固定的一份膠卷，自出生以來就被困在印記設定的劇本中。

反覆印記劇本是種反覆的累積模式，由於印記的影響，造成許多阻礙，讓靈魂無法真正完成祂想體驗的最終七大課題（宇宙意識、感

生命的三種印記劇本

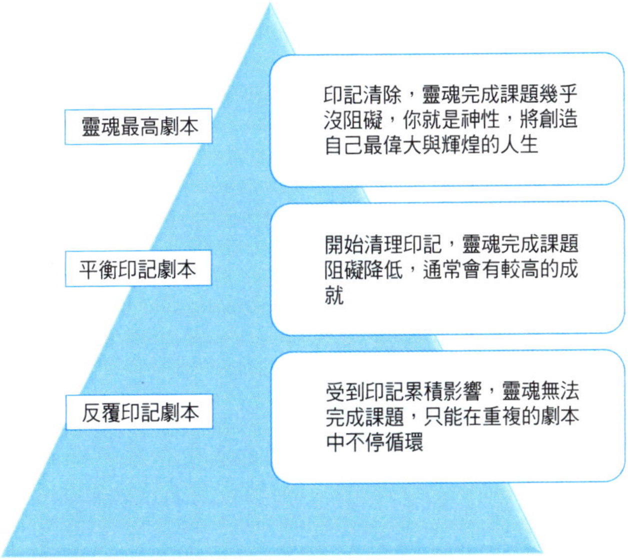

情、拉扯關係、天賦、財富、身體與人際）。反覆印記劇本的人生中，會讓我們不斷體驗我們尚未完成的課題，因此許多重複的問題也會一再出現，它將給予我們不同選擇的機會，直到課題真正圓滿結束為止。

## 2.平衡印記劇本

平衡印記劇本的人，會開始使用某些方法清理印記，當印記被平衡（能量平衡）後，靈魂在完成最終七大課題時，產生重複問題的機會減少，阻礙自然降低。因此進入平衡印記劇本的人，通常會有較高的成就，像是得到非常多的財富或是在某些領域裡非常有成就，他們的靈魂開始朝著完成最終課題前進，以播放人生最偉大與輝煌的劇本為目標。

## 3.最高靈魂劇本

進入最高靈魂劇本的人，基本上在人生中，已經不受印記影響，因此在完成靈魂最終七大課題時，幾乎沒有阻礙。

最高靈魂劇本可分成狹義以及廣義兩種。狹義的最高靈魂劇本，只會出現在特定人身上，因為這些人將在這一生完成所有的七大課題，靈魂將成就完美的存在，祂的體驗將成為一種完成創造的過程，此時祂將會成為真正完美存在的狀態，這也是祂最大的喜悅與滿足。通常祂不會再入人類的輪迴，而是轉化至另一個更高次元的循環，再持續的進化與擴張。

廣義的最高靈魂劇本，每個人都可以擁有，只要自己在一生中，達到靈魂體驗的最高標準即稱之；這個標準不一定是完成某一項課題，而是活出自己最輝煌與宏偉的人生，此時靈魂也會是種完美存在的狀態。

## 如何剪除舊劇本，開創全新劇本？

每個人自出生以來的人生劇本，靈魂早已經決定，且是一次決定所有可能的劇本，因此我們在這一生靈魂想體驗的各種課題，也早已設定。但是，造物主仍賦予我們自由意識的選擇，如果我們想要改變，整個劇本也會跟著改變；然而，大部分的人會受到印記的影響，困在重複的劇本裡。

透過三大印記的清理，你可以改變你舊有劇本的反覆模式，開創全新的劇本；你的靈魂是你最高的指引，祂將帶領你前往正確的方向，就像此時你正翻閱著此書，是你的靈魂指引你的到來。

要想剪除舊有的劇本，以及開創全新的劇本，最簡單明瞭的方法就是——身心靈的同步提升。這三者本是一體，但大部分的人卻總是特別偏重某一部分，而無法全面性的一同提升。

身體、心理、靈性同步提升，分成三個部分，分別為身體能量提升、意識的甦醒以及靈魂的意識進化。但是要記住，這三部分其實都是一體，緊緊相連，不能分離。

## 1.身體能量的提升

你們的身體是靈魂進化過程中非常重要的媒介，透過它，你們才能演好各種戲碼，以便課題的進行。

世間萬物都是能量組成，你們的身體也是一樣。最高靈魂劇本的人，身體的能量高、振動頻率快，如果你們改變人生劇本，創造最高靈魂劇本，必須把自己的身體準備周全，也就是提升身體的能量。這可以從兩方面著手：飲食與運動。

現在社會中，過多低波動食物充斥我們的生活，一般人在這種不良的環境，久而久之，身體已經麻木。其實每個人的身體都是敏感的感應器，能夠感應食物的波動高低，當食入高波動的食物時，會感到精神充沛、身體舒暢；食入低波動的食物時，就會造成毒素堆積、身體不適，最常見的情況就是消化系統的問題。

大部分的現代人因為長期食入低波動食物，身體已經失去判別食物能量高低的功能，只能藉由標章以及認證，判別食物的好壞，但是這些終究沒有自己身體的測量，要來得有保障。要提升身體的能量，第一步就是要改變飲食，飲入高能量的水及食入高能量的食物，才能確保身體細胞處於高能量的狀態。

規律的運動對身體有益，已經是公認的定律，然而，找到適合自己的運動，才能讓身體達到事半功倍的效果；適合自己的運動，通常不會花太多時間，在整個運動的過程，會處於開心愉快的狀態。

## 2.意識的甦醒

意識就是大腦，它負責處理四周的訊息，藉由解讀訊息，讓我們產生各種知覺，並對外在的事物做出反應。不過根據科學研究，一般人的意識尚未能完全開發，我們的大腦使用率僅有五%，這限制對於外在訊息的解讀，使得你們很容易困在自己的意識中，完全沒有察覺，這也是反覆印記劇本的人最常見的情況。

甦醒時，不斷突破自己的意識；甦醒後，意識會被完全釋放，對於外在事物，會有與以往完全不同的視野。你將看到宇宙真實的時空，你會以更宏觀、更開闊的眼界處理每件事物，蛻變成煥然一新的人，展開全然不同的人生。

想突破意識限制，達到甦醒的境界，要先認識「小我」的存在。小我非常頑強，為了捍衛它的存在，會將你四周的訊息，解讀成對它有利的狀況，很多時候整個情況是完全相反的。小我為了證明它能控制你，並證明它的存在，它會影響你，讓你出現一些不良的情緒反應，這些不良的情緒反應往往造成不必要的糾紛，這對你來說非常不利；當你們靜下來、看清楚整個事情的全貌時，常會發現，剛剛激動的人，好像不是真實的自己，那只是小我的把戲。

意識的甦醒，簡單來說就是化解小我，並利用高波動的意識型態取代小我；高波動意識型態的特徵為：完全的平靜以及無條件的愛，一般稱為「大我」。更確切的說，要用大我讓小我臣服，並將小我與大我結合，創造全新的意識型態，利用這種意識型態生活的人，就是意識覺醒的人。

意識覺醒的人對訊息的解讀非常的清晰與明確，促使他們很快就能看清楚自己的狀況，並做出奇蹟式的反應。他們非常清楚自己的天賦所在，且非常會善用天賦來達到人生目標。他們不會有任何不良的情緒反應，意識處於長期平靜的狀態，並以無條件的愛對待任何人。

達到意識甦醒的過程沒有捷徑，最快的方式就是：對於外在事物不帶有任何的批判。當你不帶有批判來處理任何事情，小我會蕩然無存，因為它就是以批判來證明它的存在；當小我消失，大我自然會漸漸甦醒，進一步會清楚覺察小我的存在，會看破它，並且用大我讓它臣服；最後，會將小我與大我融合，開創全新的思維以及意識型態。

意識的甦醒對於改變劇本非常有幫助，因為意識甦醒後，會開始覺察自己的周遭環境，很快地會發現，原來自己完全被困在重複的劇本中，會開始試圖突破困境，也就是往著最高靈魂劇本的道路前進。

## 3. 靈魂的意識進化

每個人的靈魂其實都非常完美，知曉一切且能創造一切；但是當你們的靈魂與肉體結合時，完全忘記這個能力，這是造物主定下的微妙規則——忘記一切知曉。你們可以重新憶起完美的完整，因為你們本來就是如此，此憶起的過程便是靈魂的意識進化，也就是完成宇宙意識課題的過程。

體驗到憶起的知曉，是靈魂的最大渴望，當你們憶起並體驗後，靈魂就會成為一種存在的狀態，這就是最高靈魂劇本的人的狀態。你們人生最重要的目的，就是憶起真正的自己，創造自己的存在，開創自己的人生。

每當你們憶起宇宙的運作法則以及真理時，靈魂會產生無比的喜悅，祂一直等待這個時刻，可以透過體驗宇宙的運作法則以及真理，重新創造自己，並加速完成其他人生課題，成為更偉大的存在。靈魂在存在狀態中，能與創造一切的造物主連接，你與造物主本是一體，透過祂給你的神性靈感（訊息），會開始重新定義自己的人生，看見世間的真實樣貌，創造出最宏偉以及輝煌的人生劇本。

靈魂意識進化（重新憶起）的過程，最終是回歸全然感恩的愛，並與造物主合一。隨著意識的進化，你們會遇到一個很大的阻礙，就是存在於你們靈魂深處的恐懼。意識越進化的同時，恐懼也會隨之茁壯，因為唯有透過恐懼，才能真正體驗全然的愛，這是二元性的真理。這種深層恐懼無法消除，因為消除後，就無法體驗全然的愛。深層恐懼雖不能消除，但是當你意識進化到一定程度，就能看破恐懼；當你看破它時，會知道它一直都在，只是不再受到它的影響，只會感受全然的愛，那其實恐懼它也就不存在。

記憶、業力、潛意識的內疚等等印記，其實最原始的源頭就是靈魂深處的恐懼，它無限創造出各種情境，透過宇宙法則的運作，成就這些印記的存在；而這些印記，將成為你靈魂意識提升的阻礙，因此「清理」這些印記，有助於你靈魂意識進化（重新憶起），也能降低完成其他人生課題的阻礙。

執行「清理」的工作，可以善用「清理工具」。清理工具有成千上萬種，有些適用於大多數人，有些則適用於個人。不同的清理工具所「清理」的印記也會有所不同，有些適合清理關於感情層面，有些可能適合清理財富層面或是健康層面等。

「清理工具」不一定是實體物質，有可能是思維或是語言。每個人會在人生的不同階段接觸到「清理工具」，可能是透過閱讀書本或是接觸某些事情，甚或是遇見某些人。這是靈魂給你準備的禮物。如果珍惜這份禮物，那人生就會有很大的突破，將可以改變劇本，藉由「清理」漸漸憶起真正的自己、憶起宇宙法則以及真理。持續的清理，不僅會運用宇宙法則與真理，也能與造物主連接，透過神性的靈感（訊息）行事，不再依靠過去的經驗（記憶）。靈感將創造奇蹟，人生本該不停地創造奇蹟，要演一齣你靈魂最宏偉以及輝煌的人生劇本。

## 三大印記衍生——十二種基本人生劇本藍圖

在宇宙時空裡，造物主創造印記，自靈魂誕生以來便跟隨著我們。我們身為人類，是自己印記劇本中的演員；而印記劇本的存在，是為了讓我們一直能夠有重新學習的機會。

三大印記好比你們生命劇本的核心主軸，而這主軸核心其實包括十二種人生劇本藍圖，以下表格將補充印記的說明。

| 類別 | 圖騰 | 說明 |
|---|---|---|
| 身體<br>生命 |  | 生命歷程的事件與發生<br>——出生年月日／重大事件、事故／一生經歷、選擇<br>以三大印記為主 |
| 資產 |  | 一生金錢流向與變動<br>——所擁有的財富／擁有財富的時間點<br>以財富印記為主 |
| 手足<br>親戚 |  | 兄弟姊妹、近親、遠親與你的生命<br>——相關事件的促成／發生的時間／對你造成的影響<br>以祖先印記、父母遺傳印記為主 |
| 父母<br>不動產 |  | 你的父母、家庭背景與你的關係<br>以祖先印記、財富印記、父母印記、不動產印記為主 |
| 子女<br>娛樂 |  | 小孩與你一生的關係、你今生的嗜好<br>以祖先印記、財富印記、子女印記 |
| 奴役<br>疾病 |  | 你今生選擇的工作、將會得到的疾病<br>祖先印記、財富印記為主 |
| 配偶<br>競爭 |  | 你今生會選擇的伴侶<br>以賀爾蒙印記、財富印記、配偶印記為主 |
| 死亡<br>恐懼 |  | 你今生的死亡的印記<br>以三大印記為主 |
| 信仰<br>旅行 |  | 你的宗教信仰與將適合發展的國家<br>以三大印記為主 |
| 事業<br>名譽 |  | 你會從事何種行業、一生的名譽<br>以財富印記為主 |
| 朋友<br>願望 |  | 你的人際關係、這輩子會達到的夢想<br>以賀爾蒙印記為主 |
| 敵人<br>傷悲 |  | 可能會傷害你的人<br>以三大印記為主 |

十二種印記劇本圖

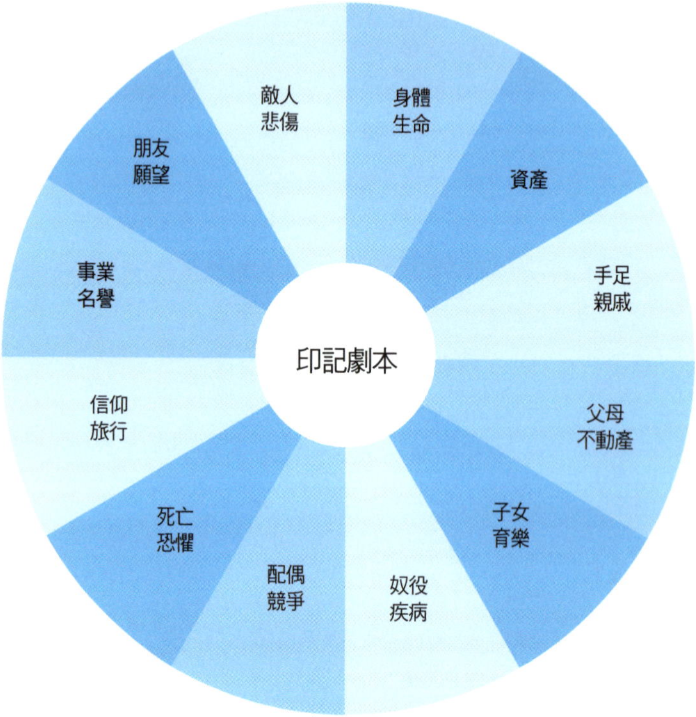
印記劇本
身體
生命
資產
手足
親戚
父母
不動產
子女
育樂
奴役
疾病
配偶
競爭
死亡
恐懼
信仰
旅行
事業
名譽
朋友
願望
敵人
悲傷

## 靈魂生命課題

我們的靈魂至宇宙的時空，輪迴轉世於地球，是為了追求靈魂的最大進化，而這些進化中，包含了許多複雜的人生課題；這些課題與基本的人生劇本藍圖，記錄在印記當中，為的就是讓我們體驗真正的自己。

課題的存在，是為了讓我們靈魂藉由各種不同的考驗，能夠更接近神性智慧；當課題一結束，我們便可從地球中結束輪迴，進行下一個次元空間的課題。

人生的課題按照範圍可以分成幾類，分別為個人的課題、家族的課題、國家以及地球的課題，各種不同的課題息息相關。

而與我們本身最密切的課題就是個人以及家族課題，這兩者是直接影響我們的人格、心智發展的主因，父母的思維與累世的習氣形成許多印記，影響我們這一生生命事件的體驗。

國家課題造就我們間接生命的經驗，像是國家集體的價值觀、風俗、教育理念，皆會產生印記，直接或間接影響我們處理生命中的事件。

而地球課題的範圍較廣，是由全部投身於地球的靈魂，共同設定且須面對的課題，這類課題通常範圍較大，像是和平思維、保育思維、平等思維……等。

## 1. 個人的課題

個人的課題，是屬於個別靈魂所需面對的課題。靈魂自輪迴轉世後，所經歷的過往與進化的程度，皆存在著個別性，這些都記錄在我們的印記當中，以待我們去面對我們尚未完成、學會的課題。這些課題通常在我們出生之前，靈魂就已經先進行設定。

而每人每世所要經歷與面對的主要課題皆不相同，通常靈魂會根據進化程度給予不一樣的情境與難題，但都依靈魂的決定，有些靈魂會選擇在同一世內經歷完許多具挑戰性的艱難課題，而有些靈魂則偏向分散於不同世去解決。

今世也許你的靈魂想學會如何去愛，抑或選擇體驗寬恕。然而在這複雜且龐大的課題中，有些靈魂可能在同一個課題上花費較少的時間完成——可能藉由一世甚至不到一世的時間；而另一個靈魂卻可能在此課題上花了好幾世的時間，這完全依靈魂的自由選擇。舉例來說，在我諮商的個案中，看過有的靈魂只花費了人生的一半，就完成了「物質豐盛」的課題，但另一個靈魂花好幾世的時間依然尚未完成。

完成課題的時間，並不足以代表一個靈魂的進化程度，也並不代表靈魂本質的好壞、優劣，只是你們想選擇哪一條道路的問題而已。而所有的事件的發生，都讓你們導入同樣的方向——更接近造物主的愛。

靈魂個人的課題，牽涉的層面與複雜細緻程度，超乎你們的想像，大致上可以分成七大類——宇宙意識課題、感情課題、拉扯關係課題、天賦課題、財富課題、身體課題以及人際關係課題。

然而世界上大部分的人都反覆被困在相同課題中，無法覺察。有時你們自認為已從許多錯誤事件中學習，更往前一步，然而靈魂上的成長卻並不以其為標準，因此相同的悲劇經驗卻依然重複的發生，這就表示，印記的反覆模式並未讓你們真正學會完成這個課題。

最好的例子就是感情課題，許多人嚐到失敗的愛情後，當開始新一段感情時，都認為自己不會重蹈覆轍，堅信這段感情一定會比上次更美好；但是實際上，相同的劇本會再次發生，他們倘若內心沒有真正轉變與內化，便會走上相同失敗道路。

透過清理三大印記，其實就是選擇一條捷徑，藉由神性的帶領，可幫助你們看清生命中印記劇本的反覆模式，讓你們擁有智慧，脫離痛苦的情境，完成個人的課題。

## 2.家族的課題

你所生於的家族都具有其隱含的課題，這些課題倘若沒有得到解決，就會不停地延續下去，直到這些課題被解決為止。也就是：如果有個課題你的祖父未能解決，這個課題會在你父親身上發生；如果你的父親也無法解決，就會在你身上發生；如果你也不能解決，就會發生在你的孩子身上。這樣持續下去，直到這個家族課題解決為止。

家族的課題都記錄在你們脊椎的祖先印記中，幫助解決家族的課題，也就是幫助整體家族的靈魂意識進化。

解決家族的課題有兩種方式。第一，就是直接透過體驗該課題，並從中有所體悟，進而跳脫重複的劇本（課題），不再困在該劇本中；此方式所需要的時間較長，因為要從重複劇本中覺察、體悟、跳脫，並不是一件容易的事情。第二個方式，就是清理掉存在於脊椎中的祖先印記，一旦祖先印記被清理，家族的靈魂意識也會有一定的提升。

## 3.國家以及地球的課題

國家以及地球的課題較廣，影響的範圍也較大，通常是該國家以及地球人共同創造設定的課題，而這些國家以及地球的人們，透過此課題，得到共同的靈魂意識成長。

國家的課題，包括教育問題、食物安全、媒體宣傳……等。如何透過教育，提升靈魂的層次；如何透過全體的努力，讓國家的食物受到保障，大家都能食入高能量與營養的食物；國家如何透過媒體操作，把光與愛的能量傳達給每一個人……這些都是國家課題之一。

地球的課題，像是世界和平問題，該如何一起努力提升愛的層次，以促進世界和平；生態環境問題，如何共同面對氣候變遷，並了解我們與環境是一體的概念；海洋保育問題：全球人如何共同保育海洋的生態，了解海洋生態對人類的重要性；貧富不均的問題：全球的人如何共同提升一體性的智慧，明白造物主所給予源源不絕的富饒資源，進而縮小貧富的差距。

## 人生七大課題

我們每個人在一生中，靈魂所設定體驗的課題皆不同，這些記錄在我們的三大印記之中，影響我們許多面向的人生經驗。不論今生你的經歷為何，現在你了解了印記與七大課題的運作，清理你的三大印記，將財富印記的智慧放入人生當中，將可看清許多印記的反覆模式，如此一來，你可擺脫舊有的劇本，重新活出你靈魂的最高藍圖。

靈魂體驗的課題，大致可以分成七類，分別為宇宙意識、感情、拉扯關係、天賦、財富、身體與人際關係課題，以這七大課題為主軸，中間又細分成許多子課題。

人生的所有課題，是一體的概念、連續的關係，彼此緊密相連、密不可分，在此，區分出七大課題，是為了讓你們容易了解課題的模式。了解這些課題，可以幫助你們快速釐清印記劇本的反覆模式跟課題間的交叉關係，這將有助於課題的完成。

舉例來說，有些人天賦課題與財富課題是同時進行的，他想體驗靠自己的天賦去得到財富。開啟宇宙意識課題的人，會憶起宇宙法則以及真理，相較於未開啟的人，有更大的視野以及正確的方向，對於完成其他六大課題非常有幫助。

一生中，所有課題都是同時被啟動的，你的靈魂會將一些課題設定為這一世的主要課題。不過多數的人受到三大印記的影響，在體驗主要課題時，會受到嚴重阻礙，無法看清問題的本質，這往往使人們重複演出多次反覆印記劇本，也無法完成靈魂課題。

每當我們肉體死亡時，靈魂會回溯一生，針對這七大課題做審視，如果有任何一項課題未達到靈魂的體驗標準，靈魂就會為了完全體驗該課題而重新入輪迴。因此一生中，如果能將靈魂選擇的課題圓滿（不一定是完成），那你這一生就活得非常有價值。

不管你們這一生面臨何種課題，對於一切發生在周圍的事物抱持感恩與祝福，因為，所有的事物都是你們為自己準備的禮物，放下批判，用全然的愛與平靜面對所有課題，會看見它背後深刻的愛。

以下初步整理人生七大課題，以及靈魂在此課題中，可能會想要體驗的部分。這裡用「可能」是因為，你們很難完全知道每個人靈魂的最終渴望是什麼，但是能以靈魂的本質去了解大部分人的情況。

## 1. 宇宙意識課題

宇宙意識課題主要完成的是兩大項目，第一是意識的甦醒，第二是靈魂的意識進化，這也是一個人身體、心理、靈性同步成長，非常重要的兩個部分。

（1）意識的甦醒課題：在物質濃稠的二元世界中，跳脫反覆印記劇本的影響，感受大我與小我結合的完美狀態，這種完美的狀態充滿愛與平靜，有非常清晰的洞察力以及迅速分析訊息的頭腦。

（2）靈魂的意識進化課題：在物質世界中，重新憶起宇宙真理，憶起與造物主的連結，體驗造物主無限的愛。

這兩個子課題，雖然同屬相同範疇，卻沒有必然的關係。有人在一世中意識能夠甦醒，但是靈魂的意識不一定會進化，也就是不一定會憶起真正的自己或是與造物主的連結。

相反地，有些人能夠與造物主連結，但是意識卻沒有甦醒。不過因為身體、心理、靈性本是一體，所以大多數的情況，宇宙意識課題的兩大主課題會在一生中同步進行，也就是意識如果甦醒，靈魂的意識通常也會跟著進化，身體的能量波動自然也會提升，間接幫助完成身體的課題。

宇宙意識的開展是靈魂進化中最重要課題，它幾乎直接影響其他六大課題的完成。宇宙意識開啟的人能洞察事件背後的真相，憶起宇宙法則以及真理，能接收造物主的靈感與訊息，表達神性的高頻語言。

完成宇宙意識課題的人，能加速自己的劇本（反覆印記劇本或是平衡印記劇本）改變成最高靈魂劇本。

## 2.感情課題

感情的課題非常錯綜複雜，每個人的靈魂想體驗的感情狀況，也都有很大的差異。但是，最終，此課題就是要在兩性平衡的關係中，體驗到真愛。

感情課題容易受到賀爾蒙印記的影響，它記錄了你們累世的感情經驗，以便在今世時，能夠再次與相同的人相遇，處理累世未圓滿的關係。

賀爾蒙印記的存在是為了讓你們有重新學習的機會，讓你們有機會面對相同的人時，能做出相較上一世更好的決定。

受到這些印記形成的感情關係，大多潛在兩者間彼此都需克服的難題，這往往阻礙你們在這段感情關係中體驗到真愛。

一旦你們的靈魂即將圓滿感情課題，你們必然會在轉世某個階段遇見孿生靈魂（雙生火焰），孿生靈魂的出現，將會激起靈性最高的創造；他們自被創造以來，就本是同個靈魂，兩人的關係已經超越人間的伴侶關係，將會以最高的真愛表現。

## 3.拉扯關係課題

拉扯關係課題通常與前世息息相關，起因於前世未平衡的能量，產生印記，以至今世透過拉扯關係以達到平衡。能量運作的方式也常受到印記的影響，靈魂想在其中體驗化解拉扯關係的過程，也就是能量平衡的過程。

拉扯關係又分成有形的拉扯以及無形的拉扯。

有形的拉扯指物質形式對於你的拉扯，通常在你所認識人中體現，可能是你的情人、朋友、家人、上司、合夥人……等；有時也會以動物的形式呈現，此時就有可能是你的寵物。

無形的拉扯就是非物質形式的拉扯，一般為靈體形式干擾你，這些憂傷靈魂與你前世有未平衡的能量，但是他們可能因為某種原因，無法輪迴，只能透過憂傷靈魂的方式，對你產生干擾。

無形的拉扯關係較有形的拉扯關係難處理，因為大多數人根本不知道自己有無形的拉扯關係，這也是很多靈體可能跟著一個人好幾世的原因。

要完成此課題，就須謹慎處理你周遭的任何關係，無論是讓你憎恨、痛苦、內疚、悲傷的關係，試著讓這些關係達到圓融、破解或是停止。清理印記可以圓融、破解或是停止拉扯關係，加速完成此課題。

## 4. 天賦課題

你們的靈魂與生俱來就被賦予某項天賦，靈魂在天賦課題中，最高的宏願就是：利用天賦體驗自己最高的創造值，並用天賦照亮別人。

每個人在一生中，幾乎都有天賦課題，且隨著時間點的不同，能開啟的天賦也不同。有些人小時候具有繪畫天賦，如果此人當時沒有接觸繪畫，那他繪畫的天賦就會在一段時間後消失，天賦一旦沒有發展，靈魂就不會再讓它存在。天賦課題也可能設定在老年的時候，有些老人會突然對於某些事物特別精通，就是這個原理。

完成天賦課題的關鍵在於你有沒有碰到開啟天賦的鑰匙，這把鑰匙可能是個貴人、物品、一句話……等。累世有清理印記、先天報酬較多的人，遇到天賦鑰匙的機率也較高。舉個簡單的例子，莫札特如果身處貧窮的家庭，在童年時無法讓他接觸鋼琴，他必然無法成為一代作曲家，完成千古動聽的名曲。

這是一種基本的宇宙法則。簡單來說，是你在某一世中送出的正面能量，在另一世中回到你的身上，讓你擁有先天報酬。在先天報酬較多的一生中，會有較多的資源（可能是財富、貴人等），靈魂的體驗也會有較少的阻礙，並有較高的機會能夠圓滿課題。

送出正面能量的方式有很多種，最簡單的方式是發出愛的思維，具體一點便是幫助別人身體、心理、靈性的成長。

先天報酬雖對於靈魂課題的圓滿有幫助，但是也有可能反而成為陷阱。因為每一次輪迴你們都會被重新設定，忘記一切，因此當你擁有資源時，可能會大肆地揮霍，不懂得善加利用，導致在一生將過去的福報用盡，然後再一次重新入輪迴。這沒有好壞判定，因為靈魂就是喜歡體驗。當你們有資源時，必須覺察與感恩，以圓滿靈魂課題為首要目標，這樣才能真正創造有價值的人生。

## 5.財富課題

財富課題是一般人最常誤解的課題。大多數的人可能認為，擁有越多的財富，就代表更快達到完成財富課題的標準，事實上靈魂不需要物質世界的財富，祂甚至一點興趣都沒有，祂在乎的是運用、創造財富的過程，這也是完成財富課題的重要關鍵。

創造財富的方法非常多，其中靈魂最想體驗的方式，莫過於利用宇宙法則跟天賦創造財富，因為這兩者對祂來說是雙重體驗。很多人無法創造財富，其實與負債的印記息息相關，這種負面能量會讓你感到匱乏。負面能量的原始根源，是對於財富匱乏的恐懼，因此清理負債的印記，對於創造財富、完成財富課題有很大的幫助。

富豪擁有可觀的財富，但是他們未必完成財富課題，因為他們運用財富的方式，不見得可以發揮靈魂的最大值。回歸最高層面運用——無條件的愛，將財富運用在提醒與幫助他人完成人生課題，幫助他人身體、心理、靈性的成長（身體、心理、靈性成長與完成人生課題息息相關），將可透過財富發揮最大值。

## 6.身體課題

身體是你們今生完成許多課題的重要工具，身體課題最大圓滿值是——體驗身體的健康以及完美的身體，提高身體波動，幫助身體、心理、靈性同步提升。

身體的課題受到印記的影響，主要是存在脊椎中的負面能量，這些負面能量往往會造成一個人產生疾病。因此，清理這些負面能量，對於疾病的治療會有幫助，也有助於身體課題的完成。

每個人的身體因為印記的影響，其頻率與波動皆不相同，要達到身體課題的圓滿，必須徹底了解自己的身體。事實上，你們身體的每個細胞當中，都存在著累世的重複印記模式，因此，不同的人所適合的醫療方式、提高身體波動的方法都不相同。

### 7.人際課題

人際關係課題的課題圓滿值，最主要是能夠愛己及人，對於自己、任何人都能以大我（無條件的愛）來對待。圓滿處理人際上的關係，可以透過站在他人角度思考、善於傾聽、表達自我……等。印記會阻礙人際關係課題的完成，它會產生負面能量，使你與其他人的人際關係惡化，這也是為什麼很多時候，有些人會莫名被排擠的原因，因此清理印記，對於完成人際關係的課題幫助頗大。

此外，開啟宇宙意識的課題——一旦意識甦醒，對於完成人際關係的課題非常有幫助。因為人在甦醒的狀態，對於分析周圍人所傳達的訊息，會變得非常敏銳，透過整合訊息，表現（演繹）出讓每一個人都喜歡的狀態。也能透過大我的精神對待每個人，他會有良好的人際關係，大家都會想要與他共事，因為與他在一起會充滿愛與喜悅。

## 完成課題

### 人類意識很難覺察靈魂的渴望

我們靈性存有——靈魂，是我們自己課題是否圓滿的判斷者，因此你永遠無法欺騙自己的靈魂。

即使意識上的你可能覺得自己已經完成某些課題，但當你死亡後，靈魂憶起一切，才發現，自己與原來的設定還差了一截，就會再針對這些未完成的課題進行輪迴，直到你的靈魂將所有課題完全滿足為止。

具有較高意識的人（有宇宙意識課題的人），他們在一生中相較於其他人，會比較清楚地知道自己的靈魂方向，因此在體驗課題時，較容易活出最有價值的人生。但是，大部分的人意識並未開發，所以一生中幾乎都在摸索靈魂的渴望，一輩子都活在反覆的印記中，無法活出自己的價值。

有些人雖然找到，但人生已經過了大半，因此很難圓滿課題；有些人雖然很早就找到，卻因為太驕傲，認為自己已經圓滿課題，等靈魂回到上面時，才發現原來還差了許多，就會再次入輪迴。

大部分人的意識很難覺察靈魂究竟想體驗什麼，但是你們也不用太擔心，因為每個人的靈魂都很聰明，祂會透過其他各種方式讓你知道。可能在劇本中設定一些情境，讓你朝著該有的方向前進，至少不會偏離目標太遠；或者有些靈魂甚至會在人生劇本中安排高意識的人（貴人）對你提點，讓你更容易上軌道。

## 覺察自己靈魂處於哪種階段

世界上大部分的人都在反覆印記劇本中，人生中充滿著許多磨難與痛苦。有些人會自得其樂，認為自己已經很滿足，也覺得現在的生活過得很好，其實他們都被矇在自己的世界中；等到真正的危難發生時，往往經不起刺激，長久下來維持的體系，短時間內就會崩潰。

簡單舉個例子，一個小康家庭原本的收入能夠維持正常生活，但是一旦有家人得重病，經濟的負擔改變，整個家庭過去的正常體系就會崩壞，問題接踵而來；即使是富有的家庭，看似無憂無慮，其實問題可能比貧窮的家庭還要嚴重，最常見的就是家庭糾紛以及健康問題，且這些問題都會重複而來。由此可知，不管你現在的處境是否安逸，你都必須覺察「印記」是否阻礙你完成靈魂的課題，也必須覺察自己的靈魂狀態，以了解靈魂的最大渴望。

那我們要如何覺察自己的靈魂是否處於最高頻率財富印記的狀態，而非三大印記的影響？最簡單的判別方式，以下幾點可以提供一個指標。若你能符合的數值越多，則表示，你與最高的財富印記的頻率越接近。

- 我執行的每件事是否都符合宇宙法則的運行。
- 我了解內心真正的渴望，並充分了解精神力量的本質。
- 我了解宇宙的創造原理與時間、空間真相。
- 對於許多負面事情的發生，我皆處在平靜與知曉中。
- 我感恩發生於來自我身邊的一切事物。
- 我知道財富的運作法則，且我也樂於分享我的財富。
- 我不在乎物質的享受，而在乎靈性上的成就。

- 無論我的長相、身材，我愛我的身體，我接受它，並且妥善的對待它。
- 我非常滿意我現在的狀態，我感到愛與平靜。
- 我願意幫助人們完成人生的七大課題。

雖然大多數人都在反覆印記劇本中，但是也有許多的人非常努力清理印記，處於平衡印記劇本的階段，往著最高靈魂劇本改變。

## 清理三大印記，完成七大人生課題

你們人生充滿不完美，像是疾病、事故、挫折、不幸等，你們遇到的所有問題、造成這些不完美的根本原因，就是受到從創世紀之初以來就存在的印記影響；當你們身體中堆滿印記時，在體驗靈魂渴望之課題時，就會受到阻礙。因此，要化解阻礙，我們必須持續的清理三大印記，以解決人生問題，使人生更完美。

三大印記的運作是一種宇宙法則，它原始於恐懼的思維。這恐懼的思維漸漸擴張放大，形成許多負面的能量，這些負面能量凝聚成三大印記，並以各種形式影響你的人生。它會阻礙你圓滿靈魂的課題，並讓你在重複的劇本中體

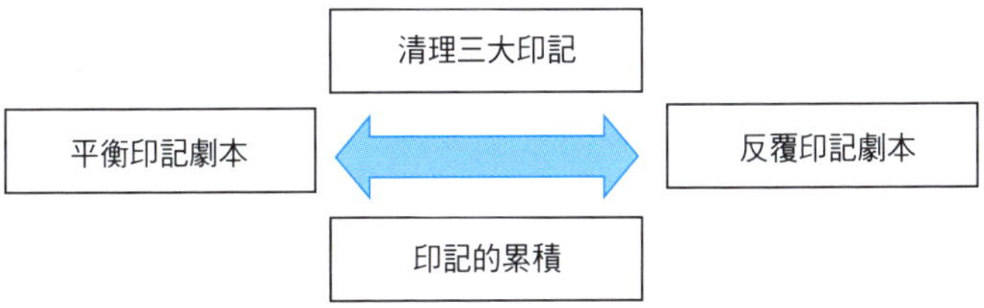

驗；它可能影響的範圍非常廣，包含你的七大課題以及所有的小課題，因此必須重視它的存在。你們要對自己的靈魂負責，不能把外在的問題，歸咎於外在與他人，而是對自己內在的印記執行清理。

清理三大印記能降低完成靈魂劇本的阻力，不僅幫助提升靈魂的意識，也能夠使我們開啟宇宙意識的課題。當你開啟宇宙意識的課題後，你會開始利用靈感創造，創造出讓你靈魂活出最有價值的劇本，這對於圓滿所有課題都有其正面效應。

但是三大印記很難完全清除，因為你無法知道累世究竟累積了多少三大印記。有些人終其一生的清理，也不一定能夠完全清除，原因是：在清理時，可能同時也在累積三大印記，一增一減，很難完全清理印記。但是你們依然要不停的清理，如果沒有清理，那三大印記只會累積更多。

清理三大印記是造物主給人類的神性智慧，是浩瀚宇宙的泉源，以及一切真理中，其中一個解決問題的方式，此方法最適合目前的人類意識。

根據造物主訊息，在高度文明的埃及社會，就是利用此方式來解決問題。高度文明社會的人類比現在的人類，對大自然能量有較高的感知力，有些甚至能夠操控能量。當然，他們之間還是會產生問題，而解決問題的方式就是清理三大印記；他們了解一體性的概念，因此清楚，只有清理自己的三大印記，才能真正解決問題。

清理三大印記具有最根源與實質性的型態，它能夠幫助我們身體、心理、靈性成長，讓每個人看清楚自己的問題，並創造自己人生最輝煌與宏偉的劇本。透過開啟宇宙意識與神性連結，加快完成人生課題，人類就不用在過去的劇本中重複體驗，而是利用神性的靈感，完成靈魂存在與創造的過程。

## 清理三大印記與人生劇本、七大課題的關係

每個人的一生，靈魂都會設定祂想圓滿或是完成的人生課題。圓滿與完成的差別在於：前者是指靈魂在一生中達到靈魂最渴望的體驗，即這一生設定的最大體驗目標；但是即使完成最大目標，人生課題不一定能完成，因為人生課題的完成，可能需要好幾世的體驗。所以完成課題的意義，就是在一生或是累世中，百分之百完成人生課題，下一世不需要再完成此課題。下表可讓讀者更清楚之間的關係。

如果將人生劇本再細分，可以從原本的三大劇本，再分成五種人生劇本，分別為反覆印記劇本、一般平衡印記劇本、終極平衡印記劇本、廣義最高靈魂劇本以及狹義最高靈魂劇本。

反覆印記劇本與平衡印記劇本差別在於：前者持續累積三大印記，重複體驗人生；後者開始清理三大印記，開始剪除舊有人生。一般平衡印記劇本與終極平衡

| 人生劇本 | 七大課題（一生） | 七大課題（累世） | 說明 |
|---|---|---|---|
| 反覆印記劇本 | 未圓滿<br>圓滿 1% 以下 | 未完成<br>完成 1% 以下 | 重複體驗課題<br>累積三大印記 |
| 一般平衡印記劇本 | 未圓滿<br>圓滿 50% | 未完成<br>完成 1% 至 5% | 開始清理三大印記 |
| 終極平衡印記劇本 | 未圓滿<br>圓滿 95% | 未完成<br>完成 30% 至 50% | 一生清理三大印記 |
| 廣義最高靈魂劇本 | 圓滿<br>圓滿 100% | 未完成<br>完成 60% 至 80% | 一生清理三大印記<br>完成神性創造 |
| 狹義最高靈魂劇本 | 圓滿<br>圓滿 100% | 完成<br>完成 100% | 一生清理三大印記<br>完美神性創造<br>斷輪迴 |

印記劇本的差別在於：前者在人生結束時，才剛開始清理三大印記；後者很早就開始清理三大印記，且持續一生。

在一般情況下，一般平衡印記劇本，圓滿五十％的人生劇本，人生劇本的完成度大約為一％至五％；終極平衡印記劇本，則圓滿九十五％的人生劇本，人生劇本的完成度大約為三十％至五十％。

終極平衡印記劇本與廣義最高靈魂劇本的差異在於：前者未完成神性的創造，後者百分之百完成神性的創造，兩者都是一生持續地清理三大印記。完成神性的創造後，人生課題的完成度會大幅提升，從三十％至五十％提高到六十％至八十％。

廣義最高靈魂劇本與狹義最高靈魂劇本差別在於：前者為完成一生的神性創造（圓滿一百％人生課題）；後者為完成累世的神性創造，我們又稱為完美神性創造，也就是完成所有人生課題，一般又稱為斷輪迴，即不再入人類的輪迴，朝著更高次元進化。

## 選擇正確的劇本不停進化

清理三大印記固然重要，但是人生更重要的是：你要選擇正確的劇本，不停進化。因為唯有如此，你才能達到靈魂最高層次的滿足，也就是真正完成所有課題，達到靈魂存在的狀態，那時你將不再入輪迴，而是在更高層次的次元中持續的進化與擴張。

我們要如何選擇正確的劇本？最直接的方式就是身體、心理、靈性的同時提升。提高身體能量，使得身體有充足的能量去完成靈魂劇本；宇宙意識的開啟，會促進意識的甦醒，可以增加對萬物的洞察力，也可以隨時保持清晰與平靜的狀態，對於覺察正確劇本有一定幫助；提升靈魂的意識，也是透過開啟宇宙意識，憶起宇宙法則與真理，並且與造物主連接，透過造物主的靈感與訊息，選擇最正確的劇本，以創造最輝煌與宏偉的人生。

儘管在一生中很難完成所有的靈魂課題，但是我們必須更樂觀與正面，選擇正確的劇本，去創造最有價值的人生。因為，即使是一丁點的進化，對於靈魂來說，就是很大的進步，靈魂的喜悅也是超乎你想像的，此時你必然會有所感覺，靈魂的喜悅也就是你的喜悅。當你走上正確劇本的道路，將每天充滿愛與喜悅，因為你完全知道（完全憶起）你真正是誰，也完美演繹靈魂最高層次的體驗。那時候的你，已經是更高層次的存在。

## 印記的結束，來自神性的託付

我有個案例，名叫奧伯倫（Auberon），是一家日本貿易公司的董事，那家公司是他的父親在一九五〇年代所建立。在他的父親與母親的努力，以及國家高經濟成長下，公司蓬勃發展，增加許多穩定的客戶。

奧伯倫從小就在富裕的家庭長大，大學畢業後，在父親的安排下，短短幾年內，就成為公司的執行董事，專門負責公司人力資源部分的管理。在他精明的領導下，公司的人才長期受到業界的肯定。

看似人生勝利組的奧伯倫，事實上，對於工作早已疲乏，他知道自己內心深處藏著某種渴望，渴望去做一些不一樣的事情，而不是只是經營公司，或是賺更多的財富。

奧伯倫與我見面後，我觀察他的印記與人生劇本，得知他的靈魂這輩子想體驗的是天賦的課題，祂渴望在藝術創作上有所成就，而他現在擁有的財富與成就，沒辦法滿足祂靈魂的渴望。事實上，他依然在反覆印記的劇本中，重複體驗相同的情境，因為他的靈魂已經好幾世都出生於富貴家庭，也都在事業上有所成就。

奧伯倫每日持續不斷清理三大印記後，在一夜的睡前聽見神性的指引：放下吧，你的靈魂等這一刻已經好幾世了。這句話觸動了長久以來的壓抑，他開始流淚，並在一夜間轉變了未來的所有一切。

他決定跟隨自己靈魂的天賦道路，即使在家人強烈反對下，他堅持卸下公司的執行董事一職，致力於藝術的展覽與創作，並開設一間藝術展覽中心，提供世界各地的藝術家進行交流。他寫信告訴我，每當他站在展覽中心時，開始體會與靈魂合一的喜悅，感覺自己就像在天堂一樣，這是他在企業經營上從來沒有的感受，即使企業經營讓他擁有財富與成就。

我們靈魂真正渴望的，往往與我們意識到的大相逕庭。由奧伯倫的例子可以知道，即使擁有財富與成就，可能還在反覆印記的劇本中，意識往往忽略了這些細微的訊息；即使得知了，卻無法放下，勇敢的下定決定。

持續清理三大印記，你能夠看清楚自己靈魂想要走的道路，才能選擇對的劇本，完成靈魂的課題。

# Ch 2 有錢人的富裕印記

不要總靠別人活著，要憑著自己的力量前進。

——比爾蓋茲

# 富裕印記

時間與空間及心理狀態，存在著某種相對性，睡夢中，時間與空間同時存在。

——金．卡洛斯

## ◆經濟思維與模型，只是心智的幌子

過去人類利用經濟思維與模型，用來解決全球財富與經濟的問題。但是這些心智的思考模式，真正能解決全球問題嗎？

從過去的歷史可以得知，每當全球經濟遭遇重大危機時，舊有的經濟思維與模型都瞬間喪失功能，無法解決當下的經濟問題。但是往往你們的心智不會輕易服輸，它會持續在狹窄的空間中，追究問題的根本；下一步，它會嘗試用自己的邏輯解釋問題的真相，利用複雜的數學與模型來模糊焦點，一般人很容易上當。事實上，不可能找到答案，因為問題本身就不在那狹窄的空間裡。

心智總是習慣把問題的根本歸咎於「外在」，像是多數人發生事情便會產生類似思維：一定是政府的問題！企業的問題！制度的問題！心智的思維會讓你認為，所有的過錯都起因於別人，而不願意檢視自己的內在、為自己的行為負責。

清理三大印記，解決問題的方法，不同於心智，它是根除問題的根本。如果每個人都清理三大印記，回到財富印記的高波動狀態，都遵循造物主的智慧行事，個人、公司、國家、全世界都能以最有效率的方式運作，每個人都可以創造自己的財富，把各自的天賦發揮的淋漓盡致，所有產業也能完美的結合，全世界終將能整體的進化。

全世界頂尖的企業家、經濟學家、管理顧問等，他們即使擁有再聰明的腦袋、知識與技術，也比不上造物主智慧傳達的「靈感」，因為正如前面所說，心智下的產物永遠困在狹窄的空間裡，在面對全新的情況時，無法因應緊急危難，馬上喪失功用，就是最好的例子。

## 清理三大印記，不須事前規劃

我有許多案例，都是美國一流的企業家，他們經營公司的方式不同於一般企業：他們從不事前規劃任何事情，他們告訴我，他們往往憑藉著一個瞬間的想法，決定許多事物，而這就是靠著造物主智慧給的靈感。

當你們透過清理，回到財富印記的高波動狀態，會非常清楚，事情根本不需要規劃，只需要相信造物主的智慧——那一個片刻的想法——信任並去創造即可。

清理三大印記的企業家，還有一個不一樣的地方：他們不把任何企業當作敵人，他們了解一體的概念，任何企業都是合作的夥伴，即使是公司利益受損，也不會怪罪其他企業，而是將責任歸咎於自己企業的問題。

他們會針對自己的企業做全面的檢討與新的規劃，他們深知，最大的進步往往來自於向內的探尋。因此在企業的經營上面，透過他們持續的清理印記，奇蹟就會發生，原本以為的利益受損，最後會導致更多賺取利潤的機會。

倘若每個企業主，都執行清理三大印記的工作，世界將會有巨大的改變，傳統的經營方式與惡性競爭的關係將會崩壞，依循造物主所給的智慧，企業將都為自己負責。

在我諮商的眾多企業家中，他們往往在執行清理印記後，將思緒擺回公司本身；在不斷的清理印記下，企業產值反而增加的比預期的更多。他們心中會不斷湧現許多很棒的想法，甚至自然而然所合作的對象、所執行的企劃案，都變得非常順利，像是一連串完美的安排。

## 全新的財富經營方式——清理硬體資源（土地、建築）

我有許多案例透過清理三大印記，在企業的經營上得到很大的成功，他們接收神性的靈感，進而開創全新的企業經營方式。

企業如果內部出現嚴重問題或是想求突破，通常會尋求外在的資源協助，像是一些財務顧問公司，這些顧問公司會針對企業的問題，擬定相關對策，進而改善企業的狀況。這看似非常合乎邏輯的方式，其實已經偏離真正的企業經營模式。

事實上，企業所面臨的財務問題、經營危機，根本的原因無關乎企業內部的人、事、物，真正導致這些問題的發生，是受到印記的影響。

因此不管你們如何的分析企業內部的任何一切，都只是在結果中找出可能影響的危險因子，再從這些不確定的因子中，想辦法杜絕與防範。很多企業經營者時常掉進這個陷阱中，重蹈覆轍地透過各種的理論與數據，想盡辦法改善企業的品質；然而，事實告訴你們，經過這麼賣力與謹慎分析的結果，大部分人的嘗試仍然是失敗的。這就解釋了，為何有許多企業主非常努力想改善企業品質、力求突破，卻依舊得不到良好的成效。

到底企業要如何真正成功？

放在宇宙的全觀視野，其實就是天時、地利、人合。

而這需要神性的經營方式。透過持續清理三大印記，就會擁有造物主的靈感，這能夠持續讓企業處於天時、地利與人合的位子；而公司的任何一切皆會放置在最佳的狀況，不僅僅是企業內部的經營，對於外部的合作方式，也會自然而然達到最佳的狀態。

有很多的企業主，想找我幫助他們清理企業的印記，為的就是讓自己的企業處於最佳的位子。我跟隨著神性的靈感行事，因此並不是每個企業我都能幫助清理，有些企業主必須自己執行清理的工作。

清理企業的三大印記不是簡單的事情，必須針對企業的土地、建築、器材……等所有的一切，進行徹底的清理工作。這些硬體資源，事實上也具備了意識，它們能夠感知到人的情緒、思維，如果你從不報有感恩的心態來看待這些硬體資源，它們會形成一股負能量，這會促成負債印記的產生，受到這印記的影響，企業經營將會處於劣勢。

經常看見許多客戶，導致他們企業經營失利的主要原因，是因為他們本身與企業硬體資源的衝突，因此清理三大印記以及這些硬體資源（土地、建築等）所產生的負面訊息，是讓企業經營接上宇宙的軌道，利用宇宙之流，達到自然、完美經營方式。

如果企業能夠確實的執行清理三大印記與硬體資源的工作，根據過去的實際經驗，企業必能煥然一新，並在市場上處於絕佳的位子。

很多找我清理的企業主會問：企業如何改變成最佳的狀況？

我的回答都是千篇一律：你只需持續地清理三大印記，剩下的都交給造物主，祂會創造一切，自然會把企業放置在最佳的位子。

這句話，在許多企業主中得到應驗，因為他們都認為，自己的成功就像是奇蹟一樣，完全超乎他們的想像。

## ◆停止財富匱乏循環

我將我過去案例的年收入與他目前處於的人生劇本，作一些統計的分析，發現了財富的循環，也發現大部分的人受到三大印記的影響。財富始終固定的範圍循環，雖然有時候會高一點，但是始終無法突破一定的範圍。一般情況都在年收入五萬美元的範圍內上下，最高不會超過十萬美元，如下圖。

當你開始執行清理三大印記的工作時，因為印記頻率的改變，你身邊財富的循環就會改變，會從原本年收入五萬美元至十萬美元的循環，轉變成年收入十萬美元至一千萬美元的循環；你的人生也會跟著改變，你將擁有富饒的物質生活，過著嶄新的生活，你會開始享受財富帶給你的一切。

當你持續的清理三大印記，最後走上最高靈魂劇本時，你又會進入另外一個財富循環。在這個循環中，年收入至少大於一千萬美元，而且沒有極限；此時你就是在執行神性的創造，你要多少財富，都能自己創造，已經不受三大印記的影響。

以上提供的財富循環，只是案例的平均狀態。如果你拿自己的年收入，來判別自己人生劇本處於哪一個階段，是沒有意義的行為。現今社會也有不少年收入很高的人，還陷入在劇本中，因此這裡要強調的是：清理三大印記，就能剪掉舊有劇本，改變你的財富循環，讓你真正的創造財富。

以下提供幾個案例的財富循環，並做清理三大印記前後的比較：

人生劇本與財富循環

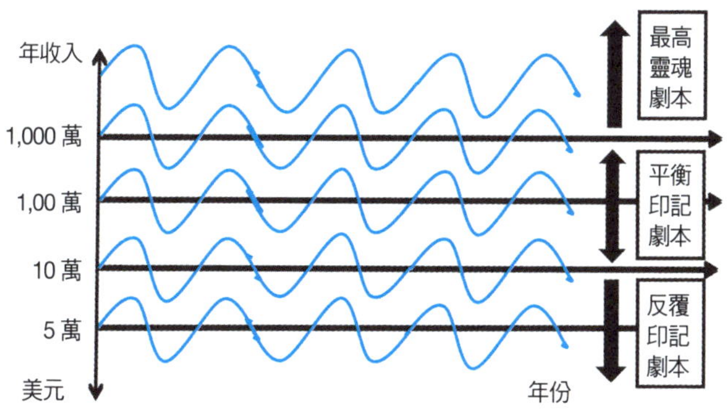

案例一：低波動的財富循環

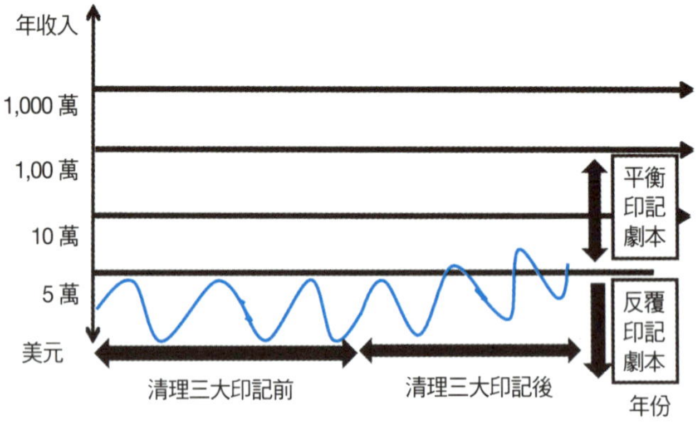


案例二：固定收入的財富循環

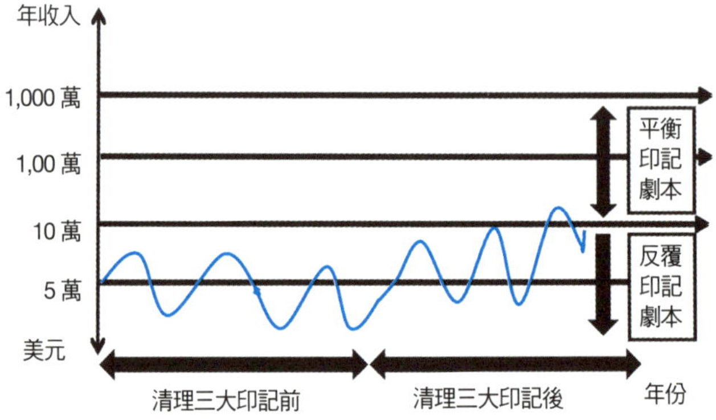

案例三：管理階層的財富循環

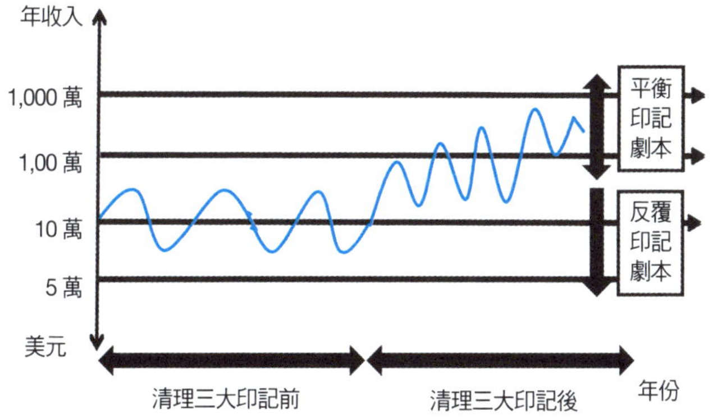


案例四：高波動的財富循環

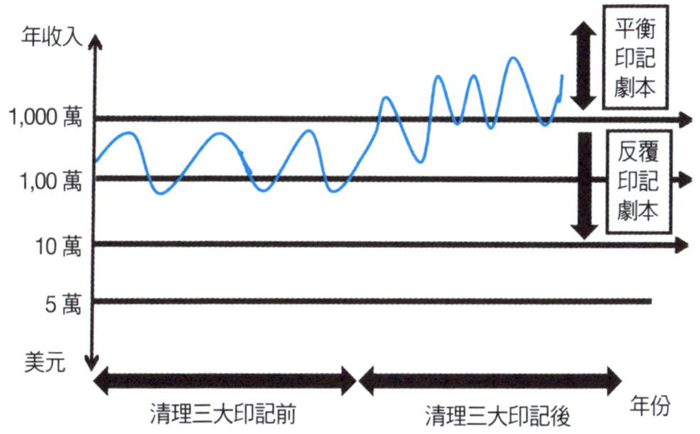

# 清理三大印記

## 財富問題之印記組成

每個靈魂都存在三大印記（負債印記、祖先印記以及賀爾蒙印記），隨著靈魂轉世，三大印記如果沒能清理，將不斷的累積。受到三大印記的影響，在人世間我們會遭遇到許多問題，如財富問題、身體問題或是感情問題等，阻礙我們的靈魂完成人生課題。

然而你們投身於地球，累世因為累積了過多的印記，問題多半不會只有單獨一種。當發生財富問題，通常也伴隨著身體問題以及感情問題，因此即使組成比例較低的印記，也不能夠忽視，都必須進行有效的清理。

根據造物主給我的神性智慧，以最狹隘的方向來看，財富問題之印記組成，即三大印記中負債印記的比例達到最高（如下圖），負債的印記將造成財富的能量阻塞，因此很難創造財富。

三大印記組成比例（%）—財富問題

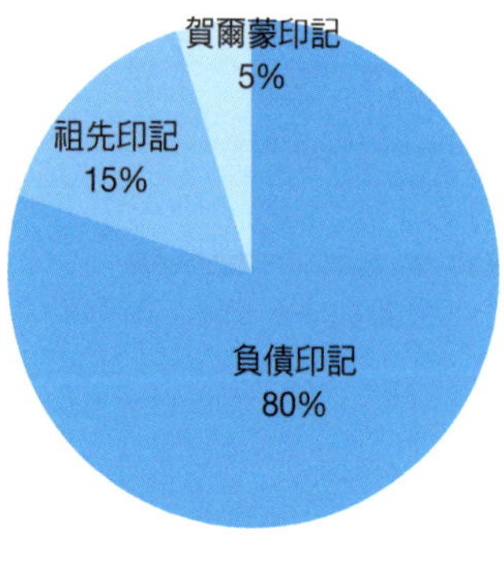

但是，一般情況下，很少人只有財富的問題，下面兩張圖可以讓你更了解其中的意涵。

由這兩張圖可看到，三大印記的組成比例完全相同，但是三大印記實質的「量」不同。根據造物主給我的神性智慧，只要「量」超過一百，由於能量的集中，該印記所反映的問題有很大的機率會物質化，讓你去體驗該問題。因此，由下圖左的案例可以得知，他會同時遇到財富問題以及身體問題。

以上對於人生的問題與三大印記組成之關係，只是個大方向，每個人都是獨一無二，三大印記的組成也有所不同，有時候也會發生一些特殊情況。

我曾經遇到一個案例，他的三大印記組成如下頁圖。如果按照一般情況判斷，此案例的三大印記量都少於一百，人生應該過得相當順遂，不會遇到任何問題；但是實際上他一次遇到三種問題，也就是財富問題、身體問題以及感情問題。

這表示，即使少於五十，不代表一定不會產生問題，而

三大印記組成（量）—財富問題與身體問題

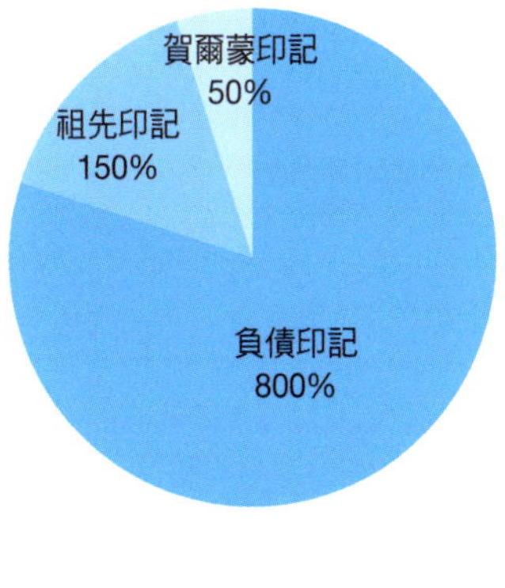


三大印記組成比例（%）—財富問題

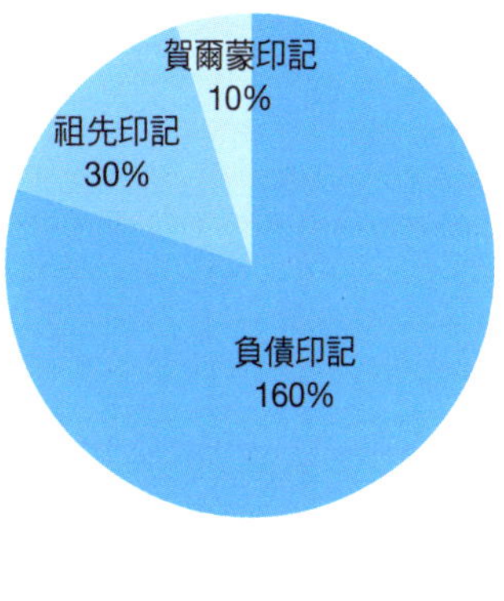

是產生問題的機率較低（這裡指的機率，是指全世界人的狀況平均而言），因此，不管你的印記組成如何，一次同時清理三大印記，絕對是最正確的決定。

## ◆同時清理三大印記的重要性

遇到很多案例都急於創造財富，只專注於清理負債印記。當你專注於清理負債印記時，負債印記的比率與量確實會減少，但是，祖先印記與賀爾蒙印記也會持續累積，且會快速累積。如此，當你解決財富問題的同時，馬上就會被逼著面臨身體或是感情問題，這時你會想立刻去清理祖先印記與賀爾蒙印記；但是，此時的清理就得更下功夫，也更為困難，因為問題已經顯化（已被物質化。還未物質化時，清理相對容易）。很多人往往因此驚慌失措，不僅沒有解決身體問題或是感情問題，也賠掉了財富。

因此，如果你想真正創造財富，必須同時清理三大印記，一次解決所有問題。也許這樣創造財富的時間會慢一點，但是當你擁有財富的同時，其他問題也一併解決，完成人生課題時的阻礙就會大幅的減少，你就能非常有效率地運用財富，去做你真正想做的事情。

三大印記組成（量）－財富問題與身體問題

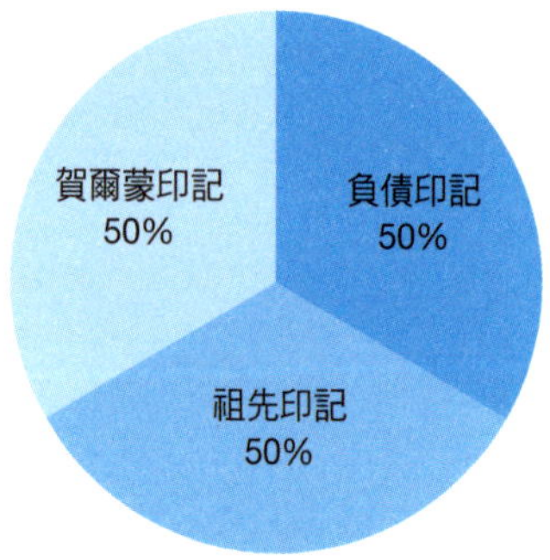

## 清理三大印記，解決根本問題

一般人面對龐大的金錢壓力、債務問題時，往往會先聚焦處理外在的事物，而忽略同步處理事件本身發生的源頭。問題的真正根源皆源自於靈魂的三大印記，若沒清除，印記則會不斷地用不同方式顯現在生活中。

利用清理三大印記來創造財富，與過往最大的不同在於：做任何事情不抱有「期待」，而是只有「熱情」的做。創造財富不抱有「期待」，聽起來有些矛盾，其實是因為，清理三大印記不是要你追求財富，而是從問題的根源去突破，清理根本的因，讓我們回到最原始的狀態——每個人都擁有無限的財富，這是個創造的過程，憶起的過程，不是追求的過程。

你們每個人都具備宇宙意識，都能與大我的神性直接連接，但是受到三大印記的影響，連接消失了，造物主的智慧再也無法傳遞給你們。若持續清理三大印記，你會開始接收神性智慧給的訊息，有人稱為「靈感」或是「第六感」。

每個人都是獨一無二，因此造物主所給的訊息會不相同，當人百分之百透過此訊息做事時，他就是在做神性的創造工作，能將原本具備的天賦發展至極限。創造財富的過程也是如此，當你透過「靈感」創造財富時，一切會超乎你的想像。

### 清理三大印記，追尋更高的生命格局

人生所面臨的問題，根本來自於三大印記，它們從創世紀初以來不斷地累積，跟隨著你們至今，倘若沒有清理，問題只會越來越嚴重。

透過不斷地清理印記的過程，可以更容易看清生命之於你們的難題，一旦你們的問題獲得了解決，此問題所牽連到的其他人，所遭遇的困境也隨之解決。

三大印記的作用模式，遠超乎你們的意識能夠理解，但你們不需去追究、理解其過程在宇宙中是如何運行，只需要透過持續清理印記，讓你們的波動回到財富印記的高頻率狀態，所有問題都將迎刃而解。

一旦開始清理，你們的人生都將開始轉變，你會開始訝異，造物主的智慧與愛會源源不絕的降臨至你的生命經驗中；你開始蛻變，脫離反覆印記劇本的舊有圈套，運用你更宏觀的視野，開創更高的人生格局。

## 相信神性智慧

### 信任，放下你的疑慮，放手去做！

每個人面對同件事情，透過視覺，在你們的腦袋形成畫面，腦袋會根據過往的經驗，形成認知；

然而因為每個人所經歷的事件不同，對於此件事情詮釋也不同。

然而，實際上，事情本身的發生，並沒有「好」，也沒有「壞」。發生在你們周遭的每一件事情，都是中性的，然而你們的腦袋受到三大印記影響，會依照你累世靈魂習氣，將它投射成二元性的事件，問題自然就產生，因為只有當你認為它是問題時，它才是問題。

透過持續清理三大印記，你將會有全新的視野，這些視野將帶給你對生命截然不同的感受；你會認清自己於這個宇宙、地球中的本質，你將能得到更高的智慧去解決你所面臨的種種困難，而豐沛的靈感將會引領你完成你最高的靈魂劇本。

清理時，切記，放下你對於未來成果的殷切期盼，期盼會阻撓三大印記的清理過程，你只需將心全然的臣服於造物主，信任祂所帶給你的一切，這一切必將會有豐盛的結果。一旦你突然有個新的想法、衝動與熱情想去完成某事時，信任它，放下你的疑慮與懷疑，相信祂將帶領你前進，突破你人生的種種設限，完成你最高的靈魂劇本。

## 為自己的靈魂負起負責

人生中有許多事件的發生，讓人陷入絕望、恐懼、莫大的痛苦之中，像是親人的死亡、好朋友的背叛、情人的離去……等。大部分的人在這些事件中，都認為自己是命運底下的受害者，而很少人願意走入自己的內心，檢視這個事件背後所帶來的深刻含意。

事實上，發生在你們身上的一切，都是你們與他人共同的創造，你們的靈魂與他人的靈魂自出生前就做了這些協議與決定，只是你們的意識往往無法知道。因此，任何事情，你都必須為自己靈魂的決定負責。

你會感受悲傷與難過，是受到腦袋（心智）的影響，它把你看到的事情，解讀成讓你感到悲傷與難過的事情；但是，事實上你卻像被蒙上眼睛，無法看到真相。

例如有許多感情的案例，在無意識中所選擇的關係，都會遭受背叛與傷害，即使從一段關係中解脫，但另一段關係卻依然陷入相同的模式。在這看似受害者的模式背後，事實上，都存在很深層的內在問題，都與他們累世的印記有關。像是其中一位個案，就是因為印記中存在「愛匱乏」的訊息，導致她在愛情中一直渴望被愛；她不斷向外尋求，永遠無法滿足那龐大的傷口，因為真正的愛並無法從他人身上獲得，所以導致另外一半承受不住而離開。

因此，所有的事情的發生，都必須回歸自己的內在。清理三大印記，可以幫助你們找到內心的缺口，並治癒這份傷口，如此才可能擁有一段真正的親密關係。

## ◆走上開悟之路，絕不是讓自己毫無價值

所有人都曾經有幾世擔任神職人員的工作，也許你就是在這一世。為何我如此肯定，因為這是翻開這本書的人都有的過去——追尋內心的開悟。

真正的開悟道路沒有如此難，在財富印記的高波動狀態中，你們本是走上填滿彩色色彩的開悟之路，燦爛的顏色顯露出你們的輝煌與壯麗。清理三大印記，是為了讓自己對靈魂負責，指引你走上真正的開悟之路。

究竟是什麼原因，讓你們的輝煌與壯麗，以及走向開悟的美好之路，被誤導成如此情景？

數千年來，你們都在做同樣的事情：追求外在的理論，並未感受真正的內在，所以你們一直都未能走上真正開悟的道路。打開你們的耳朵，關起你們的感官，傾聽內在靈性管理員跟你們說的話。那些話是來自神的訊息，還是潛意識扭曲的錯誤訊息？這些錯誤的訊息，根本無法匹配你們真正的偉大，因為每個人在財富印記的高波動狀態，都是最神聖的神性創造者。

隨著三大印記的累積，你們漸漸遠離神聖的道路，遠離你們真正的宏偉與壯麗，讓你們認為自己不配當個成功者，不敢勇敢的突破框架；你們深信自己無法做自己，變成你想成為的人，當然也無法在世界上創造財富，以及過任何幸福美滿的生活。

該是覺醒的時候了，你內心的神性將是你最大的夥伴。誠實的面對自己，而不是盲目的追從與你毫無相關的律法與經典。看看鏡中的你，看著你的眼睛，覺察自己的靈魂，祂充滿神性與活力，無限的色彩在你的心中。

# 利用靈感與天賦

## ◆知識不是力量，靈感與天賦才是神性創造的泉源

很多人認為，我們這一生，就是要不斷地學習新的知識，並運用知識創造美好的生活。這是錯誤的概念，這也導致大部分的人，都困在痛苦的循環中。

知識只是心智的產物，是合理化這虛假世界的工具。當然知識並沒有不好，它有存在的必要，它能穩定這物質世界，穩定這個龐大的靈魂體驗場，但是你們無法利用知識，去做真正神性地創造。這也是為什麼，世界上真正成功的人，絕不是因為專研知識而成功，他們都是遵循內心的靈感與天賦。

我們活在世界上，不是為了學習知識而活，而是為了憶起真實的自己，並去體驗真實的自己而活，因為我們本來就是完美的；在財富印記的高被動狀態，就已經擁有一切，只是受到三大印記的影響，讓我們看不清事實的真相。

每個人的天賦，存在於心智中，從創世紀初以來就已經在那裡；所謂神性的創造，就是藉由清理三大印記，獲得神性的靈感。這種靈感就像是一種發動機，一種發起的思維，它會經過腦袋(心智)，與你的天賦結合，開始執行神性的創造。

靈感與天賦是神性創造的泉源，缺一不可，只有將它們兩者結合，才能真正的創造。你有神性的靈感，卻少了天賦去行動，到頭來也是一無所有；你有天賦，卻沒有神性的靈感，只用知識去發展你

的天賦，也絕對難成大器。

世界上真正成功的人，都是利用靈感與天賦，只是他們意識上不一定清楚。如果你想創造財富，成為真正成功的人，持續的清理三大印記，你會漸漸覺察自己的天賦，不用擔心找不到，因為它一直都在那裡，只是受到三大印記影響，被藏起來了。另一方面，持續清理，神性的靈感就會降臨，那種神性的思維，永遠讓你大吃一驚。

利用天賦與神性的靈感去創造吧！創造你要的所有一切。

## ◆覺察「神性的靈感」與「潛意識的訊息」之不同

任何訊息只要一經過腦袋，必帶有某種程度的判斷與認知；神性的靈感來自神性的智慧，不經過腦袋，沒有判斷與認知。

清理三大印記，執行神性的創造，非常重視神性的靈感，也就是回到財富印記的高被動狀態。你們的意識常混淆「潛意識的訊息」與「神性的靈感」，這是非常正常的現象，因為一般人的腦袋只開發五%以下，在沒有擴展意識的情況下，很容易將所有的訊息當作同樣的訊息。

有些人受到三大印記的影響，甚至會把潛意識的訊息當作是神性的靈感，但是，事實上這兩者的來源截然不同。潛意識的訊息是三大印記作用所產生的能量波動，是一種重複的模式，利用這些訊息，讓你產生重複的問題；神性的靈感則是來自神性的智慧，與三大印記毫無關聯，也不受到三大印記影響，是全新的訊息。

說明「潛意識的訊息」最好的例子就是夢。當你在夢中時，大多是進入潛意識，在夢中看到的畫面、聽到的聲音以及接觸的所有一切，都是「潛意識的訊息」，因此有些人會看見預知夢，其實那只是重複的劇本，在你的夢中向你顯現而已。

我們要如何分辨潛意識的訊息與神性的靈感？一般人在短時間內，很難快速的擴張意識，除了持續清理三大印記外，這裡提供幾個簡單的方式，方便讀者判別。

回顧你完成一件工作，開始執行時，最一開始的動機與思維，是來自腦袋精密的思考？還是天外飛來一筆的訊息？經過腦力激盪所產生的訊息，必為潛意識的訊息；而那種天外飛來一筆的訊息，就是神性的靈感。

利用腦力激盪所產生的訊息，必然能夠完成工作，只是需要大費周章，沒能達到最高的效率，也缺乏創新與創意；利用神性的靈感完成工作，不需要太大的努力，你只需要順著宇宙運行前進即可，得到的結果往往超乎你的想像，因為你是用全新的訊息與思維在執行神性的創造。

另一個判別的方式，就是思考你最初的思維，是不是在你的意料之中。如果是潛意識的訊息，往往都在你的掌控，沒有超出你的意料；而神性的靈感往往會超出你的意料，且你完全無法掌控，你只能順著它前進。潛意識的訊息可以受到你心智的控制，神性的靈感不受到任何的控制。

## 神性的智慧，早已存在於你心中，只是你還沒開啟

神性的智慧，就像一扇扇的門，當你拿到鑰匙時，才能打開；當你打開以後就能憶起，也就不需要鑰匙了。但是你也必須找到那扇門以及鑰匙，缺一不可。很多人受到三大印記的影響，只能找到門或是只有鑰匙，這些都無法真正打開神性智慧之門。持續的清理三大印記，能夠幫助你找到那扇通往真理的大門。

即使你已經用鑰匙開啟那扇門，有時候你會忘記那扇門在哪裡，所以你要不停地開啟那扇門，用你的思考、言語以及行動，真正的去體驗神性的智慧。你可以藉由閱讀高頻率的靈性書籍，或是接觸高意識的人，這些都能幫助你，持續地打開那扇真理之門，讓那神性的智慧漸漸與你合一。

總有一天，真理之門不再關起，那時你就回到最原始的狀態，完全的開悟，神性的靈感將從真理之門中蜂湧而出；那時你能夠每分每秒都接到靈感，並按照靈感去思考、言語與行動，你的每一個行為，都成為一種神性的創造，為了成就你偉大的存在。

## 真正的世界，非你能想像

當你在思考時，可以輕鬆的創造任何想法，並讓這些想法透過訊息傳達。你很習慣在自己腦中的世界去創造並操控思維，但是你卻沒發現，外在世界的一切，其實是遵循你內心世界的法則進行。當

你的腦袋接收外在世界的訊息時，那些訊息與你腦袋裡的訊息，互相交錯，錯綜複雜，並實際影響你對外在世界的經驗。最後你腦袋解讀的內容，其實是自己所設定呈現的個人世界，而非完美無缺真正真實的世界。

簡單來說，當你接收外在訊息時，你的腦袋卻只會挑幾個訊息呈現，而不是呈現全部，這些訊息多是與你有關的事情。也因為腦袋這樣的運作，便能控制你對外在事物的經驗，好讓外在的任何一切，都符合你的想法，因此，意識只是呈現你腦中的事實狀態，而非真正的事實本身。

## 全球經濟問題的真相

二〇〇七年至二〇〇八年發生全球金融危機，造成美國雷曼兄弟、華盛頓互惠破產；二〇〇八年冰島破產，被三大銀行接管；希臘國家信用等級下降，造成二〇〇九年至二〇一〇年的歐洲主權債券危機；二〇一〇年希臘與西班牙的經濟衰退；日本經濟的下滑，台灣經濟停滯，南韓經濟的崛起，新加坡經濟的提升，中國經濟的突飛猛進等等。國際上所有的金融大事，實際上都與三大印記有著密切關係，尤其是財富印記。

國家以及全球發生的經濟事件，其實都是受到國家與全球的集體財富印記影響。簡單來說，國家與全球財富印記的累積，將會造成國家的經濟衰退，以及全球的金融危機，因此國家與全球經濟的問題，其實每一個人都有責任。如果某一國家的人能夠有一定比例的人清理財富印記，該國的經濟勢必會有所成長，國家的財富能量會較暢通；相同地，如果全球有一定比例的人清理財富印記，也能穩定全球的經濟狀況。

## 財富印記波動值的等級

根據世界財富印記的結果，一個財富印記波動值越高的人，可以幫助越多財富印記波動值低的人，讓他們提升財富的波動值。一般人的財富印記波動值大約在兩百，隨著財富的增加，財富印記的波動值也會增加（隨著財富印記的波動值增加，財富也會增加，是一體兩面）。在人世間財富波動值最高為一千，他將有能力幫助六億個財富波動值兩百以下的人，提升他們的財富波動值。

將十二位財富波動值九百的人聚集在一起，相當於一個財富波動值為一千的人，也能夠幫助六億個人提升財富。隨著財富印記的波動降低，他們所能幫助的人也會減少。持續地清理三大印記，將提升財富印記的波動值，讓你擁有幫助人們的能力。

| 財富印記等級 | 可抵消 |
| --- | --- |
| 一個財富印記波動值 1000 的神性化身 | 六億個財富印記波動值 200 以下的人 |
| 十二個財富印記波動值 900 的人 | 六億個財富印記波動值 200 以下的人 |
| 一個財富印記波動值 900 的人 | 五千萬個財富印記波動值 200 以下的人 |
| 一個財富印記波動值 700 的人 | 一千萬個財富印記波動值 200 以下的人 |
| 一個財富印記波動值 500 的人 | 一百萬個財富印記波動值 200 以下的人 |
| 一個財富印記波動值 300 的人 | 十萬個財富印記波動值 200 以下的人 |

## 提升財富印記波動值，改變財富循環

我有個案例，名叫布蘭頓（Brandon），出生於貧民區，從小就過著三餐不繼的生活，長期沒受到良好的教育學程，高中畢業後，在餐廳擔任服務生，以微薄的薪水維生。

那天我正好在布蘭頓上班的飯店，進行一場清理的分享會。分享會結束後，他非常興奮地站在我的面前，敘說從演講中得到的感悟，並希望能夠了解自己的三大印記。原本要回飯店休息的我，聽到造物主的靈感，要我當下為他清理印記，祂告訴我，這名年輕人未來將會改變世界。

在為他諮商的過程中，我調閱布蘭頓的印記與人生劇本，得知他的財富印記波動值目前不到一百，財富循環則始於低波動的循環，但是只要他選擇正確的人生劇本，財富印記的波動值就能夠快速地提升。這是非常少見的例子，我雖然知道他該如何選擇正確的道路，但是他的靈魂不允許我告訴他，他必須自己找到那一條路。

藉由清理三大印記，布蘭頓找到了那條路，在兩年內，他的財富波動值從原本不到一百提升至五百，財富循環也變成管理階層的財富循環。他藉由清理後的靈感，建立一家廢棄品回收公司，並將看似沒用的廢棄品，化腐朽為神奇，創造出額外的價值，也創造了財富。更重要的是，他將賺取的財富，回饋於自己出生貧民區的孩子們，幫助許多孩子得到較好的教育。

# Ch 3

# 世界印記富裕學

一個人的真正價值，首先決定於他在什麼程度上和什麼意義上從自我解放出來。

——愛因斯坦

世界印記富裕學不僅是一門探討金錢流轉的學問，更是一份來自宇宙神性奧義的智慧結晶。透過了解其真相與原理，幫助在世界上任何一個角落的人們，解決財務上的困頓，重拾富饒的人生。

當我們開始注意到束縛生命的三大印記，清理它的同時，便是剪除舊有的劇本，開創全新的格局，體驗靈魂最深處的渴望，完成人生最宏偉的夢想。

清理現有印記前，必須了解金錢的真正運作方式與價值，分成五大階段，每一階段都環環相扣，彼此沒有前後順序，可同時存在與進行。因此如果想變得富有，改變人生，遵循五大階段的宇宙律法，絕對是一條捷徑。

## 清理三大印記原理

我們的意識分為超意識、潛意識與意識。超意識永遠與造物主智慧連接，所有意識形態都受到自己的靈性管理員掌控。由於我們的意識與潛意識分離，因此常受到集體意識的控制；也由於潛意識與超意識的分離，讓我們必須受限於業力的律法行事。即使我們達到超意識的狀態，也必須遵從宇宙的律法，去運用神性的智慧。

我們受到三大印記的影響，導致超意識、潛意識與意識分離，因此我們無法從神性的智慧中，得到神性的靈感；且三意識分離的狀態，也會不停地累積三大印記，使我們被困在重複的劇本中。（見左頁圖）

當我們持續地清理三大印記，就會回到財富印記高波動的狀態，超意識、潛意識與意識會合一，靈性管理員會將你與最高的神性智慧連接；此時會突破集體意識與業力律法，神性的靈感就會降臨，我們就能透過宇宙律法，有效地運用天賦，執行神性的創造。（見下頁上圖）

印記就像是靈魂上的烙印，它從創世紀初就存在，且不停地累積，事實上印記同時存在於我們的靈魂、心理與肉體中。存在肉體的印記在我們的器官組織中，我們稱為感官印記，像是我們眼睛的視覺、耳朵的聽覺、鼻子的嗅覺與口的味覺等。存在於心理的印記，則多為祖先細胞印記，以RNA的形式在我們體內，像是$\alpha$、$\beta$、$\theta$等的腦波印記，會受到業力波動的影響；存在於靈魂中的印記，則屬於造物主的印記意識，以DNA的形式在我們的體內。不管是肉體、心理或是靈魂印記，接受到宇宙波動的牽引，創造各種不同的反應與情境。（見下頁下圖）

受到三大印記影響—三層意識分離

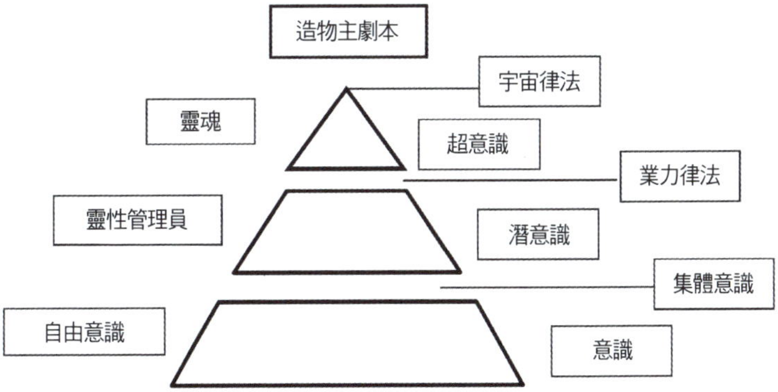


三層意識與三大印記

## 清理三大印記—三意識合一

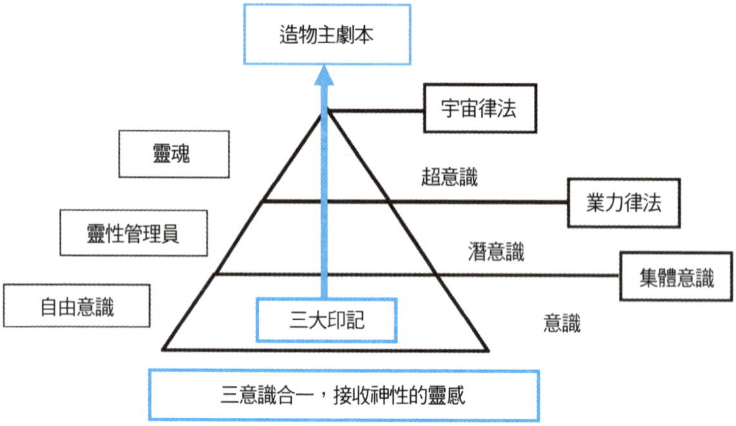


## 出生的印記烙印

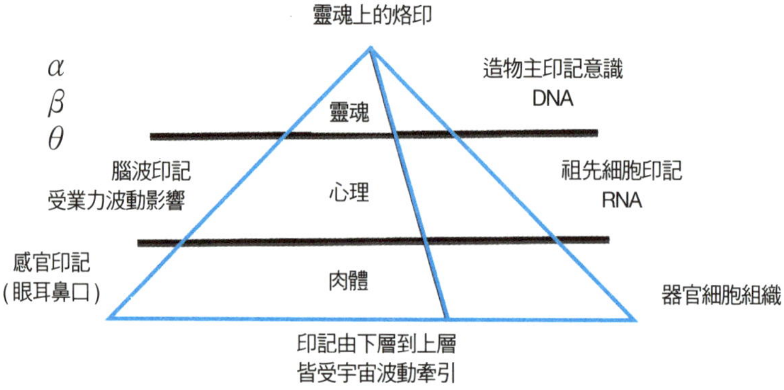

## 清理三大印記與人生劇本

### 一般人階段—反覆印記劇本

一般人都處在反覆印記劇本中，受到過去的記憶波動與三大印記的影響，不斷地經歷反覆印記劇本。這些無意識的發生，即是記憶波動與三大印記所造成。（見下圖）

### 平衡印記劇本

當你開始持續地清除三大印記波動，將不再受限於過去（累世）的印記波動。（見下頁上圖）

### 最高靈魂劇本（完成狀態）

當你完成所有神性的創造，過去、現在與未來將合一，呈現無限的狀態，此時你為自己的靈魂負責，你與神性完美結合，以肉體的形式體驗自己最偉大的存在。（見下頁下圖）

反覆印記劇本

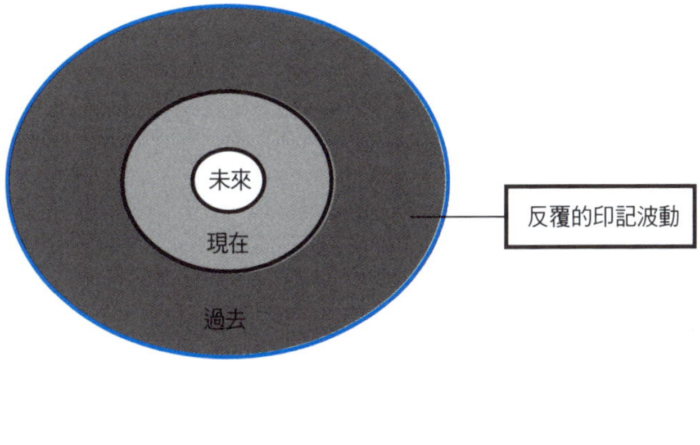

平衡印記劇本

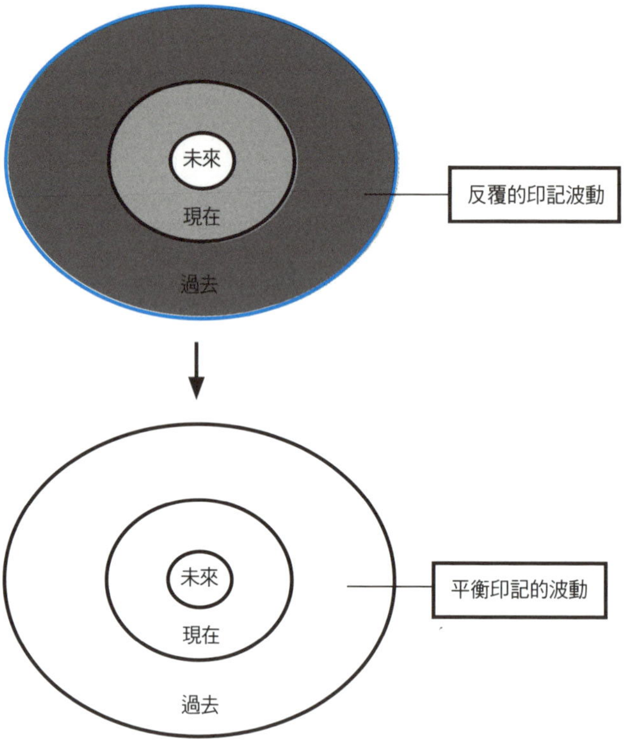


最高靈魂劇本

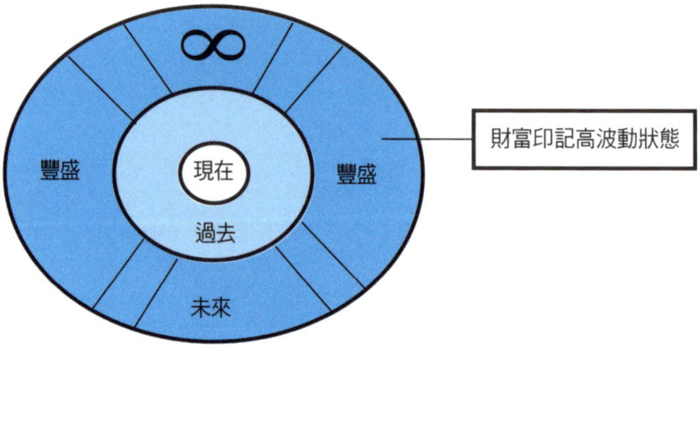

## 基礎的宇宙律法——富裕印記五大階段

多數吸引力法則只會吸引到未完成的印記。前世有未完成的印記課題，會影響今世自己的決定。肉體在地球活得時間太短，所以多數人並無法清楚看到三大印記的問題，因為意識的階級有所移動，同時性也會發生。

基礎的宇宙律法—富裕印記五大階段

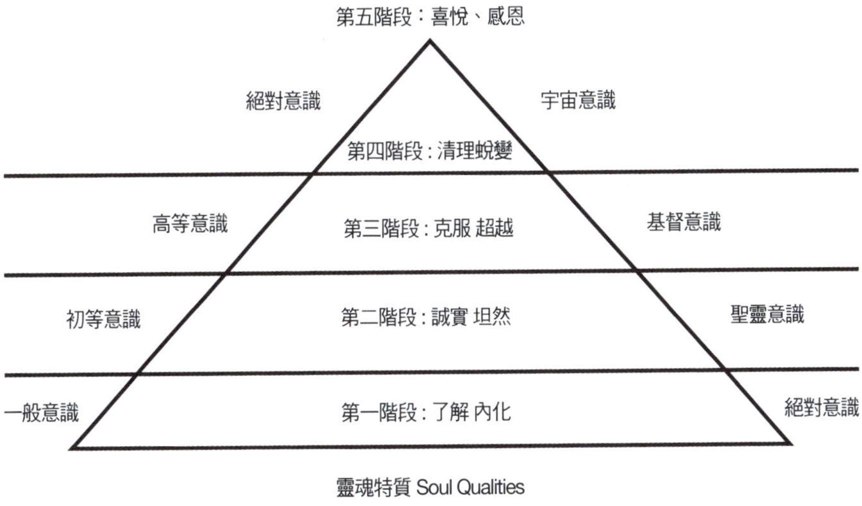

# 第一階段：了解、內化

要創造財富，我們必須了解宇宙中富裕的真理。大部分的人，認為要先擁有「財富」，才能有「富足的感覺」，事實上，所有宇宙的真理永遠是由內而外，唯有內心感到富裕的人，物質的豐盛才會接踵而來。

在龐大的宇宙中，背後蘊含著一套極為精細且準確的運作定律，所有的萬物都遵循這份真理運作，財富也不例外。我們誕生於地球之中，如果能夠清楚「富裕運作的真理」，將有助於我們人生的發展。財富的運作是一種無限的循環，這與我們人生中的三大劇本息息相關，這些循環因子包括三個面向——運用財富、創造財富以及跳脫財富。

大部分在印記重複劇本的人們，都僅在「運用財富」的階段；等到開始清理印記時，進入印記平衡的劇本，能夠跳脫印記的束縛與基本劇碼的限制，從而「創造財富」；最後，當我們完全從印記限制中跳脫，開始活出最高的靈魂劇本，我們的財富觀也將轉變，此時，就會進入「跳脫財富」的階段。

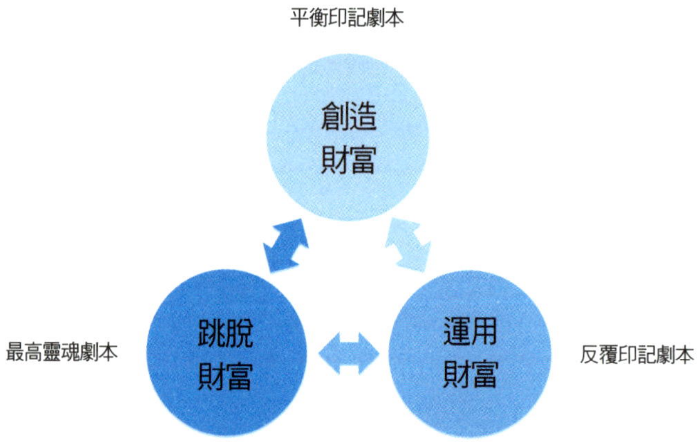

## 財富真理

大部分的人覺得自己沒有能力創造財富，甚至認為自己沒有資格擁有富裕物質生活——這是個對於金錢非常大的迷思。事實上，這個迷失局限了我們對金錢的格局與視野。然而我必須再次強調：「每個人都有權利與能力創造財富」，只要你的心臟還跳動於地球之中，如果你願意，並且敞開你心胸、掙脫困住你的枷鎖與總總印記的設限，隨時隨地，你都能在生命劇本中，加入富饒的生命經驗。

此時此刻，我們的靈魂來到此地，最終的目的是要體驗各種不一樣的生活，透過潛藏在印記中的課題與訊息，生命將重複靈魂累世過往記憶的經驗與恐懼，藉此讓我們有機會覺察並清理此印記。

然而在大多數人的意識中，渴望擁有無盡的榮華富貴，擁有自由、幸福與成功的人生；許多人有這樣的目標，但是卻很少人達成，這其中的關鍵除了印記訊息的設定之外，還有此人是否遵循宇宙的財富創造原理。

財富的創造，都是按照某種特定核心價值行動的結果。不管這個人是有意識還是無意識，舉凡順著金錢核心價值行事的行為，必然能夠吸引富裕之神的降臨。

然而，這些來自宇宙中心富足的能量，它的核心價值是什麼？而我們又該如何將其編織至我們的人生劇本中？以下將一步步指引你。

## ◆創造財富的權利

自靈魂一出生，造物主就賦予你們擁有的金錢權利，往往受到家庭、國家、社會、宗教、集體意識的影響，無形中附加了許多負債印記，導致你們內心對於金錢錯誤的認知與價值觀，使你們無法順利擁有豐盛的物質經驗。

**權利一：無論你的背景為何，你有絕對的權力享有金錢的豐盛。**

無論你身分背景、年齡、國家、民族，你都有絕對的權利與價值，享受宇宙中豐盛的金錢能量，這是件正常且自然的事。

事實上，大部分人都恐懼享有金錢的豐盛，懷疑自己是否有能力可以擁有這筆錢財，因為從小你們就被教育成：擁有金錢是恐怖的，容易放縱、傲慢的。因此你們的靈魂被強制加上了這些不屬於你們本質的印記。

從現在起，釋放你的恐懼與懷疑，你要了解，你絕對擁有權利做你想做的事情，你也絕對有能力完成這份渴望，要知道你永遠比你想像來的有力量，所有的人都值得擁有好的物質生活。

憶起這種創造財富的權利，它是造物主給予你們最基本的禮物。在創造豐盛的過程中，請時時刻刻提醒自己這個權利，並享受來自它之內的喜悅與平等。

**權利二：你身處的地區與環境，無關乎你所可以創造的富裕能量。**

創造財富與你身處的環境狀況無關。假設環境相似地區的人所創造的價值是根據他所處的區域，那麼世界會變成一個現象：一個地區所有人都是富豪，而另一地區所有人都是乞丐。

然而，根據事實現象，富人與窮人可能是鄰居，甚至從事相同的工作。如果在相同環境中從事相同工作的人，其中一個人能夠擁有物質的豐盛，另一個卻家徒四壁，這就表示，地區與環境狀況不是能否享有財富之流的主要因素。

雖然環境的因素可能會影響你得到財富的經驗與過程，譬如說在市區有較多的工作機會，但是這與你創造多少價值，沒有必然的關係。只要你身邊有富裕經驗的人們，在遵循一定的核心價值下，你也一定可以享有源源不絕的金錢能量。

**權利三：財富是無限的，取之不盡，用之不竭。**

大部分人都認為財富有限，其實宇宙中的財富是無限的，取之不盡，用之不竭。我們不應該把自己框在腦袋邏輯數學中或被心智局限，只看見眼前的數據假象（如總體經濟的統計數字），而無法看見宇宙背後無限的創造可能。

造物主提供地球這個遊戲場，讓你們體驗你們本是的樣子，祂對你們有全然的愛，因此只要你們想創造財富，祂都千呼百應，絕不吝嗇，只要你全然相信。

造物主給你們的財富以不同的形態存在，即使舊的型態消逝，新的形態也會馬上被創造，因此財富永遠不會減少，只會不停地增加。人之所以貧窮，絕對不是因為財富的不足，而是忘記自己具有創造的能力。

世界上的財富遠超過人類所需，地球其實就是一個充滿財富的寶庫，只要持續的創造，這世界將擁有更多的美好事物，且每個人都能夠擁有財富。

**權利四：無論你現今經濟狀況為何，你絕對有權力創造超越你的價值。**

出生貧窮，就不能創造財富？答案顯而易見，完全沒有必然的關係；現今社會許多白手起家的富豪，都是最好的例子。

反之，出生豪門，就一定能創造財富？當然也不一定，如果沒有遵循核心價值，一開始擁有再多的財富，總有一天也會消失殆盡，因為你無法控制這些財富，這些財富便會自動去尋找它的新主人。

由此可知，要獲得持續的富裕，最重要的是遵循核心價值，與你出生家世背景，沒有必然的關係；無論你現今處在怎麼樣的狀況，你有絕對的權力創造比你現在更高的的價值。

**權利五：你的天賦、能力與學歷，不影響你的財富多寡。**

創造財富與一個人是否有天賦無關，雖然利用天賦，能夠更有機會創造財富，但是這兩者沒有絕對的關係，這也是為什麼兩個擁有相同天賦的人，卻會創造出不同的財富結果。根據美國哥倫比亞大學的研究，美國擁有較多財富的人，他們的天賦與才華不一定優於其他人。

創造財富也與一個人的學歷無關，學歷高的人，不一定擁有較多的財富，學歷低的人，也不一定無法創造財富；觀察你們周遭的企業就是最好的例子，董事長的學歷往往比工程師的學歷低。

由此可知，創造財富與有沒有天賦、能力與學歷無關，完全取決於你是否遵循創造財富的核心價值，這才是關鍵所在。

**權利六：創造財富屬中性，非萬惡根源，也非喜悅的道路。**

創造財富並非許多人認為的萬惡根源，但它也不是通往喜悅的道路。

有些人會認為，擁有財富的人，無法控制自己的欲望，只會越來越奢華與浪費，製造出許多的社會問題，造成許多負面的後果。但是實際上，這兩者完全沒有因果關係。

不可否認，擁有較多的財富能讓人生更多采多姿，以及生活得更舒適；但是對於那些真正擁有富饒思維的人，對他們而言，真正的喜悅不在於物質享受，而在於靈魂深處體驗創造的喜悅。他們深知，金錢是讓他們達到創造目的的工具，是不會受到欲望干擾的。

**權利七：不管你的年紀為何，你都能得到豐盛的人生**

有些人認為年長者較有經驗，應該較有機會創造財富，但是實際上，真正的創造是利用「靈感」，而非利用「經驗」，「經驗」反而會局限創造能力。現今有許多有創意的年輕人，擁有獨特的想法，成為影響全世界的富翁，是很好的例子。

## ◆創造財富的八大核心價值

**一、天賦——何事可以讓你充滿熱情與喜悅，便不遲疑的去追隨它。**

每個靈魂自誕生以來，都有其天賦。天賦的存在，是為了讓靈魂創造更大的價值——利用天賦影響人類、感動他人的靈魂。追隨你們的天賦，會讓生命充滿力量，時時刻刻擁有熱情與喜悅；這份無上的創造力，會產生至高的頻率，讓你們自然而然與財富印記接軌，富饒的物質生活便會隨之而來。

如果你已經知道自己的天賦，恭喜你，運用天賦去創造財富，是非常好且快速的創造途徑；如果你還不知道自己的天賦，不要灰心，保持富裕的思維，以及積極的行動力，信任靈感與想像力，將指引你找到你的天賦。

**二、運用想像力——你永遠比你所想像的更加富有。**

想像力是造物主給我們的禮物之一，它是種無限的思維。在你們小時候，擁有豐富的想像力；然而至成長後，想像力的運用卻被誤認為是浪費時間。

事實上，想像力是最偉大的創造思維，宇宙中任何事物都能夠透過你的想像而成真，只要你全然的相信以及具有強烈願力。

仔細想想你所有的渴望，仔細想清楚你究竟想得到什麼，然後在內心清楚繪製出圖像。記住，當你將願望刻入內心時，你的想像必須非常的清楚，如果你內心猶疑不定，就絕對無法創造財富。假如你想像所繪製的圖像越清楚明確，並甚至可以刻劃許多細節，渴望的力量會越強烈，就越容易共振財富印記，將你圖像裡的一切帶至你的生活中。

**三、富裕思維——所有你所關注的事，將會成為你的經驗。**

有了想像力之後，必須時時刻刻保持富裕的思維。思維是創造一切萬物的根本，它是種創造的巨大能量，世界上每一種物質，都是我們某個思維的具體表現。每個人都是能發起思維的思想中心，當一個人將思維與實際的生活經驗，有意識的結合時，他就能改變與創造一切。

現今許多人說的「吸引力法則」，其實就是利用思維的力量，簡單來說就是：你專注在哪裡，你就會經歷些什麼，你的體驗由你創造，或者說，你的體驗由你吸引。所謂的創造，不是去尋找想要的東西，然後努力追求，而是將焦點放在你要的事物上，把你的思維轉化為符合你想要體驗的事物，用吸引力法則將事物物質化，並帶入你的人生中。因此如果你將焦點放在你不想要的事物上，想將之排除，不想要的事物反而會更容易顯現在你眼前，因為你的注意力放在它那裡，就必然會得到類似的東西。

當你把思維聚焦在匱乏與貧窮，就會一直重複貧窮的經驗，因為相似的思維會彼此共振。一個人如果要從貧窮的思維轉化成富裕的思維，絕不是容易之事，因為這兩種思維的振動頻率差異太大；但是，如果你想創造財富，就必須將所有的思維，轉化成富裕的思維。

要將思維轉化成富裕的思維，必須先消除對於財富本身的深層恐懼，這深層恐懼的根本，就是人類求生的本能——人們恐懼沒有財富，就無法持續生存。然而一般人很難覺察這種深層的恐懼，更別說是消除恐懼。儘管如此，我們可以從另一個角度，消除負面的思維，也就是消除恐懼思維所衍生的思維——匱乏的思維以及競爭的思維。

匱乏的思維，這是很多人無法創造財富的根本原因。這很容易覺察，譬如說你看見一樣想要的東西，如果你心裡想或是嘴裡說的是：「這東西真棒，但是我買不起。」承認自己沒錢買的失望感，無法帶來你想要的財富，因為這表示思維傾向於匱乏而不是富足，這樣的結果必然會經驗匱乏。

很多人在生活中，不斷感受「匱乏」的經驗，只因為他們的思維無法超越實際的體驗。簡單來說，他們覺得財富不夠，還時常把財富不夠放嘴邊，他們將永遠掉入「匱乏」的陷阱中。假如你真心渴望創造財富，你希望你現實的人生體驗能夠真實的改變，那你必須放下「匱乏」的思維，用「富裕」的思維取代；因為所有處於匱乏狀態的人，不論採取什麼行動，只會體驗更多的「匱乏」，而由匱乏感付諸的行動必定會失敗。

培養富裕的思維最簡單的方式，就是你要思考的像一個已經創造財富的人，在心中想像你已經擁有一切，並全然相信那已經屬於你，無時無刻都無法動搖你已經創造財富的信心，你的言語與行動也是如此。

舉前面的例子，如果你看到一樣想要的東西，你心裡與嘴裡應該這樣想：「這東西真棒，我買了！感謝造物主給我的一切……」或是「這東西真棒，我一定買得起！感謝造物主讓我遇見它……」你要假想已經創造財富，並且用已經有財富的方式去看待這件事情。

另一種恐懼衍生的負面思維，叫做競爭的思維，這是一般人必須擺脫的思維，你該做的是創造財富，而不是與他人爭奪財富。在創造財富的過程中，你不需要奪走任何人的任何東西，你不需要羨慕或貪圖別人的財富，你不需要交易時爾虞我詐，你不需要用盡心機得到財富；你要成為創造者，而不是競爭者，只要你培養富裕的思維，你一定會得到你要的一切。

透過競爭的思維得到之財富，永遠無法使人滿足，也無法長久；當你認為世界上的財富被少數人壟斷時，已經掉入競爭思維的陷阱中，而你也在這一刻失去創造財富的能力，更糟的情況，你可能還阻止已經在創造的行動。

所以，放下競爭的思維，你不必擔心財團會把地球的所有資源壟斷，也不必害怕其他人的阻擋，讓你無法創造財富，你不必去追尋其他人擁有的東西，而是去創造屬於你自己的東西。

## 四、臣服靈感——全然相信宇宙法則，你將會體驗奇蹟。

靈感是一瞬間的想法，來自造物主的智慧，僅僅片刻便可以創造奇蹟。你們應該遵循你們的靈感行事，即使有些靈感似乎在當下看似不合理，但信任並臣服於你的靈感，去執行，你會發現，最後所有事情都得到解決。

如果可以善用靈感創造財富，則可以大幅減少創造財富的時間，因為靈感能成就的事物，永遠超乎你的想像。

相信靈感，並臣服於宇宙法則地運作，為創造財富之根本，因為你必須了解造物主所制定的遊戲規則，並且有效地利用遊戲規則，創造自己的財富。

我們誕生於地球這個物質世界中，宇宙法則的運作如同超級電腦的運算，始終如一且永恆不變。當你臣服宇宙法則，你便不必擔心自己的思維、言語與行動是否有效，你也不會懷疑它是否真的會透過你的經驗展現出來。這對於你創造財富的信心非常重要，因為宇宙法則沒有例外，如果你專注意念，就能透過人生體驗，憶起法則的運用並重新站起來。

**五、洞悉力——洞悉財富的振動，連接你與財富印記的頻率。**

空氣、水、土壤和人體組成的所有元素，一切事物都是以振動為基礎。

聲音也是一種振動，從許多樂器沉重的低音，甚至能明顯感覺到聲音在振動；每當你聽見「聲音」，你就是把聲音的振動，透過你耳朵的接收，並轉化成你對於它的經驗。每個人對於同一種聲音，都有其獨特的經驗，包括視覺、味覺、聽覺、嗅覺與觸覺，也就是你對振動的各種感受都會有自己的經驗。

財富印記的存在本身，就是透過振動的方式。許多富有的人能夠洞悉財富的振動，因此他能夠輕鬆地與財富印記接軌，就像耳朵聽聲音、眼睛看世界一樣自然。

要洞悉財富的振動，必須提升自己身體的頻率，使身體的頻率與財富印記的頻率一致；兩者共振的結果，財富就會被物質化，成為你的經驗，這就是創造財富的過程。所以很多富豪能夠自然地創造財富，是因為他們身體的頻率與財富印記的頻率幾乎已經完美匹配，因此他們很容易就能經驗到豐盛富裕的結果。

如何提升自己身體的頻率？就要從思言行做起，因為思言行是改變身體頻率，最快也是最直接的方式。將所有的思維、言語與行動，以富裕的型態去表現——富裕的思維、言語與行動，簡單來說，就是想像自己以富人的方式思考、言語以及行動。

## 六、行動——活在當下，有效率地行動

思維本身是具有創造性的力量，富裕的思維可以共振富裕的波動。但是人類的意識還未發展到僅透過思維就能將財富物質化，因此你們不只要有富裕的思維，也必須將思維付諸行動——絕對不能只是空想，而忽略執行創造財富過程的重要性。許多人之所以一直無法創造財富，是因為他們無法把富裕的思維與有效率地執行力相互結合。

透過富裕的思維，能將財富的能量吸引過來；透過有效率地執行，才能真正將財富物質化，進而體驗創造財富的過程。不要期待，不需要努力就能將滿滿的鈔票放在口袋裡，思維必須與行動結合，才能發揮真正的功效，這是創造財富重要的鑰匙。就像透過富裕的思維能夠尋找到寶藏的地點，但是寶藏不會自己來到你身邊，你必須透過行動去擁有寶藏。

不管你要付諸什麼行動，都必須「當下」採取行動，不是在「過去」採取行動，也不是在「未

來」採取行動。心裡想著「過去」與「未來」，就無法專注於「當下」的行動，因此必須將所有的心念放置於「當下」。

也許你會質疑，我現在的環境無法採取行動，事實上是——任何環境都無法阻止一個想行動的人。不要想著環境改變才能行動，而是要透過行動來改變環境，你要以堅定的思維來創造財富的願景，並同時全力以赴的在「當下」的行動上。

一個人無法快速地創造財富，是無效率的行動太多，有效率的行動太少，因此行動的重點不是在於量的多少，而是在於質的多少，也就是行動必須具有效率。宇宙創造是快速的，一個成功創造財富的行動，必然是有效率的行動；一個失敗創造財富的行動，必然是無效率的行動。簡單來說，只要你每分每秒活在當下，去執行有效率地行動，你必然能夠很快速的創造財富。

### 七、負責——不要想如何改變他人，永遠只對自己的靈魂負責。

別人是否能創造財富，並非你的責任，每個人要對自己的靈魂負責。如果你看到家人或朋友處於匱乏的狀態中，你要堅信狀況一定會改變；你也可以鼓勵他們轉向更好的方向，並且想到他們時，要想像他們富足的一面、想像他們就跟你自己一樣富足。不要在心中反覆匱乏的情景，相信他們內心有引導，會找到自己的方向。

有時候你想要幫助家人與朋友脫離匱乏，因為他們完全被匱乏感框住，你深信他們需要你的幫助，其實真正的問題在你的內心：「為何你會覺得他需要你的幫助？而非相信他們自己可以創造自己的價值？」事實上，你的過多幫助，對於他的靈魂，不一定是好事，因為，你某部分剝奪了他可以自己創造的權利。

遵循宇宙法則去創造財富，不需要試圖控制別人，即使你認為你做的事情是「為了改變他」也是一樣，因為你永遠無法改變他人，真相是：你只能從你的內心改變。

因此，你本身印記的清理，對別人來說，才是最大的幫助。用振動頻率來解釋，就是你自己身體的振動頻率改變，一旦接軌至財富印記，就會帶動周圍人的振動頻率改變，所有人將同時的提升，他們的財富就會隨之而來。

**八、感恩——隨時保持感恩，不是對他人，而是對你自己。**

很多人創造財富時，幾乎做了所有對的事情，但是他們依然貧窮，因為他們缺少創造財富最重要的一環——感恩的心。

「感恩的心」不是要你向造物主感謝祂給你的一切，而是要你感謝你自己創造的一切，因為這一切都是你自己的創造，所以追根究柢，我們最要感恩的是自己，不是別人。「感恩的心」能夠強化我們創造財富的信心，懂得感謝的人，會不停的創造財富，信心當然也會日益的增加；隨著感謝的力量提升，信心也會跟著提升。

當你們抱持「感恩的心」對待自己時，必然也能抱持「感恩的心」對待外在的任何一切。懂得感恩的人，永遠把焦點放在正面的事物上，因此他能變得更美好，不管是型態還是性格；不懂得感恩的人，很難遠離對於事情的負面想法。當你有這些負面想法時，富裕的思維就會散失，你會開始注意卑微、低劣、貧窮、齷齪等負面的訊息，如此必然會吸引更多的負面思維，並把這些負面的思維惡質化，讓你體驗到痛苦、自卑、貧窮、冷漠等。透過感恩可以快速連結高頻率財富印記，讓富裕能量自然湧入生命之中。

## ◆如何真正的運用財富？

要完成財富的課題，必須懂得運用財富，最後跳脫財富，讓靈魂完成財富循環的完整體驗，才可能完成財富的課題。

運用財富不比創造財富容易，因為一般人在享有豐盛之後，較容易迷失方向，做出錯誤的判斷。財富對靈魂來說，只是一種幫助祂完成人生課題的工具，因此對靈魂而言，如何將此工具發揮其最大價值，將會是很大的考驗。

如何有智慧地運用財富？每個人靈魂渴望體驗的不同，但是有一定的方向。以下將提供幾個大方向，幫助你運用財富。

### 協助自己完成其他人生課題

如果你已經創造財富，那你勢必要運用這種資源，協助自己完成其他的人生課題。財富在完成人生課題上，是一種強而有力的資源，但是要記住，它只是一種外在的資源，不是關鍵的鑰匙，關鍵的鑰匙還是存在於自己內心的深處。

## 協助別人創造財富

如果你已經擁有一筆可觀的資產，你可以利用此資產，來協助他人達到富裕的狀態。這裡並非只將你的金錢直接給予渴望財富的人，而是將你創造財富的方式，透過財富印記的共振，分享給想要創造財富的人，讓更多的人都有能力獲得他們自己的豐盛。

這是個偉大的體驗，也是不變的定律，所有你給出去的能量必然會回到你身上。協助別人的靈魂，你的靈魂同時得到成長與轉化；協助他人創造財富，你必然將獲得更大的豐盛。

## 幫助自己身體、心理、靈性成長

如果你已經創造財富，你可以運用財富，提升自己的身體、心理以及靈性，三者同步成長，將會提高身體的能量、促進心智的覺醒以及提升靈魂的意識。身、心、靈的成長，是完成人生課題的必經過程，只要身、心、靈合一，你就能共振宇宙那豐饒的富裕印記，你會訝異那來自於你體內的富饒，豐富的創造力、熱情勇氣與愛，且以充滿愛的方式去創造你想體驗的任何事物。

## 協助別人身體、心理、靈性成長

如果你已經創造財富，可以將財富運用於協助別人身體、心理、靈性的成長。你可以推廣健康的飲食，提升人們身體的能量；可以擴散大我的思想，以及活在當下的理念，讓更多的人心智覺醒；或是可以散布造物主建立的宇宙法則與真理，讓更多人的靈魂意識提升等等。協助別人身、心、靈成長的同時，你必然也會成長。

## 分享愛與平靜

如果你已經創造財富，你可以用財富分享愛與平靜，可以以德蕾莎修女、甘地、耶穌、佛陀為榜樣，這些人們一生都為了分享愛與平靜而努力，因此他們的財富印記的波動非常的高；當你們無止盡地分享愛與平靜時，自然而然，也提高了自己的財富印記波動。分享愛與平靜可以是個小舉動，也可以是個偉大的任務，不管如何，都是一個無止盡的行動，因為愛與平靜本來就無止盡。

分享愛與平靜，重要的是將你愛與平靜的思維，散布給更多的人，讓更多人也體驗愛與平靜，這將是靈魂最大的渴望，因為靈魂的根本，就是無限的愛與平靜。

## 改變世界的集體思維

未來的世界，小我的思維會日益茁壯，這是地球進化必經的過程，如果你在這過程中能夠運用財富，改變世界的集體思維，這將是靈魂最大渴望的體驗之一。

將思維改變成「神性的思維」、「大我的思維」、「愛與平靜的思維」等，這是個艱難的任務，因為當你努力改變世界的集體思維時，也成就自己「神性的思維」、「大我的思維」、「愛與平靜的思維」的茁壯。

### 做你真正想做的事情

如果以上財富的運用方式無法讓你找到方向，那請你將財富運用在「真正想做的事情」，也就是讓你自己的靈魂指引你方向。「真正想做的事情」永遠是讓你體驗真正喜悅的事情，只有內心深處才清楚這些喜悅，你無法欺騙你的靈魂，所以持續往內心尋找，克服恐懼，你會發現，原來「真正想做的事情」，比你想得要簡單的多。

## 如何真正跳脫財富？

當你經歷了創造與運用財富後，你的靈魂在財富課題上，最後的渴望就是跳脫財富。跳脫財富的狀態，可能要經歷好幾世才能完成，這也是完成財富課題的關鍵。

創造財富、運用財富以及跳脫財富三者沒有先後順序，可以同步體驗，也可以分段體驗，完全取決於靈魂的決定。

跳脫財富，顧名思義，就是從財富的狹義框架中，完全跳脫出來，此時你對於財富會有不一樣的體會與認識。以下是跳脫財富的人會有的想法：

**財富的多少，不影響內心的喜悅、平靜與愛**

真正跳脫財富時，物質的享受對你來說已經不再重要，因為你清楚知道，感受最大的喜悅、平靜與愛，並非來自於財富，而是來自於內心深處；你擁有的富饒已不僅限於外在的豐盛，持續探索內心深處，你知道你內心充斥的那股富裕之流將永遠與你並肩而行。

**財富幫助你創造最輝煌與宏偉的人生**

當你跳脫財富時，它變成只是一種資源，就像是蓋房子的磚塊，磚塊的多少也許會影響房屋的大小，但是要建蓋你最喜愛的房型，磚塊的多少不是關鍵，關鍵在於你自己的構想與創造。因此，跳脫財富的人，會完美的運用資源，創造最輝煌與宏偉的人生，就像是建造出一棟自己最愛的屋子一樣。

**財富幫助你完成其他人生課題**

當你跳脫財富時，你會清楚如何善用它，去完成其他的人生課題。你將所擁有的財富，發揮極限，甚至利用它創造更大的價值，協助你的課題成長，你已將財富有效率的使用在靈魂的進化。

要遵循創造財富的真理，我們必須要憶起我們創造財富的權利：

- 無論你的背景為何，你有絕對的權力享有金錢的豐盛。
- 你身處的地區與環境，無關乎你所可以創造的富裕能量。
- 財富是無限的，取之不盡，用之不竭。
- 無論你的身分背景為何，你絕對有權力創造超越你的價值。
- 我們的天賦、能力與學歷，不影響我們的財富多寡。
- 創造財富屬中性，非萬惡根源，也非喜悅的道路。
- 不管你的年紀為何，你都能得到豐盛的人生。

**接著，我們要讓創造財富的核心價值，在我們內心深根：**

- 富裕的思維。
- 臣服宇宙法則。
- 洞悉財富的振動。
- 運用靈感、想像力與天賦。
- 對自己的靈魂負責。
- 活在當下，有效率地行動。
- 遠離創造財富的過程中，阻撓的負面人、事、物。
- 感恩的心。

當我們擁有財富以後，我們要遵循運用財富的真理：

- 協助完成其他人生課題。
- 協助別人創造財富。
- 幫助自己身體、心理、靈性的成長。
- 協助別人身體、心理、靈性的成長。
- 分享愛與平靜。
- 改變世界的集體思維。
- 做你真正想做的事情。

最後，能夠跳脫財富：

- 財富的多少，不影響內心的喜悅、平靜與愛。
- 財富幫助創造最輝煌與宏偉的人生。
- 財富幫助完成其他人生課題。

## 第二階段：誠實、坦然

世界印記富裕學的第二階段，我們必須百分之百的誠實面對自己，唯有真正面對自己，才能看破人世間的假象，開始真正的神性創造，以及得到全然的自由。

在面對自己時，一般人最不願碰觸的就是自己認為負面的那一塊，但是唯有誠實承認自己的「不是」，才能真正成就自己「是」。唯有誠實面對自己的貧窮，才能夠開始真正的創造財富，這就是誠實面對自己的最大意義。

### ◆誠實面對自己，開始真正的創造

不要欺瞞或迷惑自己，不要做個偽善者，不要為了自己的利益，而破壞整個社會的安寧。假如你是對的，沒有必要去炫耀與張揚；假如你是錯的，勇敢看清楚錯誤，真正寬恕自己。無時無刻覺察自己的內心狀態，因為很多人受到三大印記影響，不知不覺捲入心智的幻想世界中，成為一個自以為是的偽善者。

誠實的面對自己，是一種臣服、放下的過程，也是全然感覺，並釋放出所有對自己的不滿、恐懼、不安能量阻塞的過程。只有在誠實面對自己之後，人們才有可能釋放封鎖在過去記憶裡的最大恐懼。當人們對自己誠實，也願意面對自己內在的一切，並感覺痛苦與憤怒時，真正地創造才可能開始；無法對自己誠實，將永遠欺騙自己，並在虛假的世界中苟延殘喘。

## ◆誠實面對自己，得到全然的自由

誠實的面對自己，告訴你自己，自我只是個幻象，你就得到一把有力的創造工具。存在於肉體的你，需要自我的認同，要確立自我的價值，需要不停地獲得別人的肯定，這樣的狀態，你將與造物主分離。當你誠實的面對自己，對自己說，它不存在，它只是一種幻象，你的所有思維與念頭將被更高層的力量所取代，而你將感受最真實的喜悅與幸福，這個體驗也證實你靈魂存在的真實性。

當你誠實面對自己，不再全心全意認為自己很重要，你會獲得全然的自由。因為你不再需要任何一個與你接觸的人來肯定你、安撫你、疼愛你，你也不再受到別人的行為影響與冒犯；這種全然的自由，促使你將內在的喜悅，擴散至外在的世界，這就是那稱為「愛」的感受。

當你誠實面對自己，得到全然的自由，心中帶有強烈的喜悅，你將隨時隨地與造物主獨處，與祂合一。如果你曾經有此經驗，你會知道這是人生最愉悅的時光。在內心愉悅的同時，神性的靈感會不停的放下來，讓你執行神性的創造，你將創造超過你想像的財富。

## 誠實面對自己，才能回到最初富裕的狀態

很多人不敢誠實面對自己，認為自己很多方面是醜陋、噁心、不堪等形象，但是其實這些都是人的一部分。在二元的世界中，事物的存在有著兩面性，唯有坦承自己的陰暗面，才能真正看見自己的光芒，那屬於永遠的愛、平靜、幸福、美麗的部分。

人的靈魂在最初的狀態，有著全然的自由與愛，是完美的存在，當然也包含百分之百的富裕；但是，我們被放在這個二元世界中，已經忘記了一切。而我們不停地努力想要找回那最初的狀態，以為只要捨棄所有的負面，就能完全以正面的形態存在；但是其實你越反抗它，它就成長的越茁壯，因為你越反抗它，就是你宣示它越真實的存在。

我們應該誠實面對自己的任何狀態，不管是正面還是負面，這樣才能真正成就全然的存在，回到最初的狀態；到那個時候，你會完全知曉，所有一切皆是中性的、一體的，都是全然的存在。

當你誠實面對自己，接受自己的所有部分，你將深知，所有的一切都顯示你是那富裕的存有，在那種狀態下，富裕變得理所當然。

## 第三階段：克服、超越

世界印記富裕學的第三階段，我們必須面對內心對於財富的最大恐懼；當我們誠實面對自己後，自己內心的最大恐懼就會浮現。

恐懼是一切負面事物的根源，如果逃避它或是抗拒它，只會讓它更成長茁壯；唯有勇敢面對它，看破它的一切，才能真正超越。

面對自己對於財富的最大恐懼，檢視產生這些恐懼的背後主因，清理這些負面的訊息印記，克服它所帶給你的限制，超越你本有的價值。過程中可能為讓我們感到不適、痛苦，甚至想逃避，保持你內心的平靜，將它認清，並嘗試不受它的控制與影響。

一旦你超越那些加諸於你的種種限制與恐懼，你將無所畏懼，如此你才能敞開自己，迎接那豐饒無盡的富裕能量。

### ◆勇敢面對恐懼，不要遮掩恐懼

探索神性與生命的面貌，是緊密交織的。生命的自然起伏，可能造成個人的靈性成長，也可能造成無比的恐懼。哪一個會贏得勝利，完全取決於你們內心如何看待變化。生命中的許多變化，可能會讓人愉悅或是害怕；不管是哪種感受，你們都必須承認，生命的過程就是不停地變化。如果你心裡有許多恐懼，你會討厭變化，會嘗試為自己創造一個沒有變化的世界，在那個世界中，你的心智努力操控著一切，讓你不感到恐懼。

然而，恐懼只是假象，只是你在宇宙體驗的一種型態。面對恐懼，你有兩條路：一是承認恐懼的存在，並且勇敢面對它；另一個是持續保有恐懼，並想盡辦法遮掩它。世界上大部分人選擇後者，他們認為只要遮掩它，它就不存在，最後的結果是一直保有恐懼，並不停嘗試不要讓它發生；這些人花上一生的時間去營造安全的生活，為了就是不要讓自己面對恐懼。你以為這樣就一切太平？其實不然，因為你逃避恐懼，反而增加更多的恐懼。

當你內心有恐懼、不安與焦慮時，你會試圖避免它顯現。但是生命中的變化，你完全無法預期與控制，你會感覺和生命拔河，覺得很多事情都沒有依照你腦袋想的進行與發展，你會把這些事情看成困擾與潛在問題，但是實際上，這些也都是你自己為了遮掩恐懼而創造的。

當你勇敢面對恐懼時，你會了解，過去你企圖避開問題，反而造成更多的問題。因為你企圖控制人、事、物符合你的要求，只要它們一變化，你就會感覺生命與你對立，感到龐大的壓力，每天都喘不過氣，用盡一切的努力只為了遮掩你的恐懼。由於你對抗恐懼，也使得恐懼成為你生命中的夢魘。

你們應該勇敢面對恐懼，活出自己的生命，如果你嘗試控制它，則永遠無法活出自己。恐懼是一切問題的起因，它是偏見、忌妒、憤怒、悲傷等負面情緒的根本，如果沒有恐懼，你必然能幸福快樂的活在世上，再也沒有任何事情會讓你煩惱。如果你持續壓抑恐懼，它必然會週期性地找你麻煩，因此，你們應該面對它，並且放下它；如果這麼做，你只是讓痛苦在你心中燃燒，接著通過，你不再需要遮掩它。

因此當恐懼產生時，要勇敢面對它，接著放下它，如果時間晚了，恐懼消失的過程將越來越困難。若你嘗試與它溝通，希望緩和一下，你會發現，這並不會讓它變得仁慈；用腦袋思考對策，或嘗試只放下一部分，也都是於事無補。如果你想從生命中創造財富，就必須徹底放下對於財富的恐懼。

## 面對財富的最大恐懼時，記得自己永遠不孤單

我看過許多案例，在面對內心對於財富的最大恐懼時，不是被嚇壞就是害怕到不願面對的地步。然而，在大多數的例子裡，只要他們面對心中的恐懼，在創造財富方面，短時間內就能有很大的突破。

所有的恐懼都起源於一個思維：我們永遠是孤單一人，並且遠離神性的造物主。當你勇敢面對內心最大的恐懼時，你自然地就會放棄恐懼，因為你將了解，你永遠不是孤單的存在，恐懼會被無條件的愛填補，你才能開始執行神性的創造。

心智（小我）是恐懼產生的源頭，它會不斷傳遞訊息給你，要你知道你是不完美的，你必須要得更多，你必須要與別人競爭，並且贏過別人。心智（小我）就是這樣不停地施加壓力，使你長久處於焦慮與慌張的狀態，恐懼的思維就慢慢在你心中茁壯。

你要記住，你永遠不是一個人，也不是自己面對心裡最大的恐懼。你的內心永遠連接著一個強大的神性智慧，你要信任祂，臣服於祂，與祂連接；當你與祂連接時，你會感受無條件的愛。恐懼與愛

無法同時存在，因此當你在體驗存在你之內完美的愛時，你便已經將恐懼拋到九霄雲外。

愛與恐懼是二元世界的根本，也都是真正流通你身體的能量之流，當你無法與神性連接，感受不到愛時，恐懼自然產生。每當你感到恐懼時，靜下心來，問問自己：「為何我會恐懼？愛在哪裡？」這樣的對話會提醒你覺察，去重新發起愛的思維；當愛產生，恐懼的能量就被逐出身體。

## 第四階段：清理、蛻變

世界印記富裕學的第四階段，在發現恐懼、面對它之後，要知道，這些負面的事物會持續在你們的靈魂中累積三大印記。此時就必須清理這些印記，它是你們生活事件一切問題的根源，它將阻礙你們完成人生課題，阻擋你們與財富印記頻率的共振與連結。

你們必須用自身的神性，去執行清理的工作。當你誠實面對自己，以及勇敢面對自己的最大恐懼後，你將知曉自己神性的存在。

### ◆利用自身的神性清理三大印記

每個人都具備神性，都是偉大的存在，只是你們忘記，甚至不敢承認。當你們誠實面對自己，以及勇敢面對內心的恐懼後，就會漸漸知曉自己神性的存在。這是很重要的關鍵，因為你必須認清自己的神性，才能真正執行有效地清理三大印記的工作。

清理三大印記的工作，就是以自己神性的一面（那種全然的愛與平靜的一面）去面對三大印記，透過能量的振動，讓三大印記從本質上轉化，進而不復存在。因此清理本身不是抗拒的過程，而是完美、全然面對的過程。

持續地清理，就能回到最初的狀態；越回到最初的狀態，就越沉默寡言，情緒會一直保持在無限的祥和中，也會越少運用你的心智與頭腦，這樣你就能隨時聽見那細微的聲音，也就是神性的靈感。

當你每分每秒利用神性的靈感生活與創造，你便能從知曉神性，進化成體驗神性，並回到最原始的狀態，那偉大的存在體——「神性」。在神性狀態下，身心靈必然合一，思言行必然合一，超意識、意識與潛意識也必然合一，你將完美與神合一，並與世界萬物合一。

## 找到適合自己的世界能量之門，加速清理三大印記

世界各地的角落，都存在高頻率振動的區域，在這些區域執行清理三大印記的工作，將壓縮時間、加速三大印記的清理，這些區域就是「世界能量之門」。

每個人靈魂適合的世界能量之門不同，主要與靈魂本源，以及自己身體的振動頻率特質有關。如果要前往世界能量之門，執行清理三大印記的工作，必須找到適合自己的世界能量之門，如果前往不適合自己的世界能量之門，在快速壓縮時間與能量不平衡的共振下，反而會加速三大印記的累積，讓

更多的問題爆發出來。這也是為什麼許多人前往聖地或是聖山後，產生許多負面問題的根本原因。

如何得知該區域的「世界能量之門」適不適合自己？我們要善用靈魂的語言——「內心真誠的感受」。如果你到達那個區域，感受到的是全然的愛與平靜，那就是適合；如果是恐懼、悲憤、憤怒等不良感受，那就是不適合。千萬不要勉強自己去嘗試適合任何區域，因為那只會造成你更大的痛苦；當然你也無法用心智去催眠自己，讓自己以為存在於愛與平靜的狀態。也許你能欺騙外在的任何人，但是你永遠無法欺騙自己——也就是自己的靈魂——的感受。

宇宙三大印記

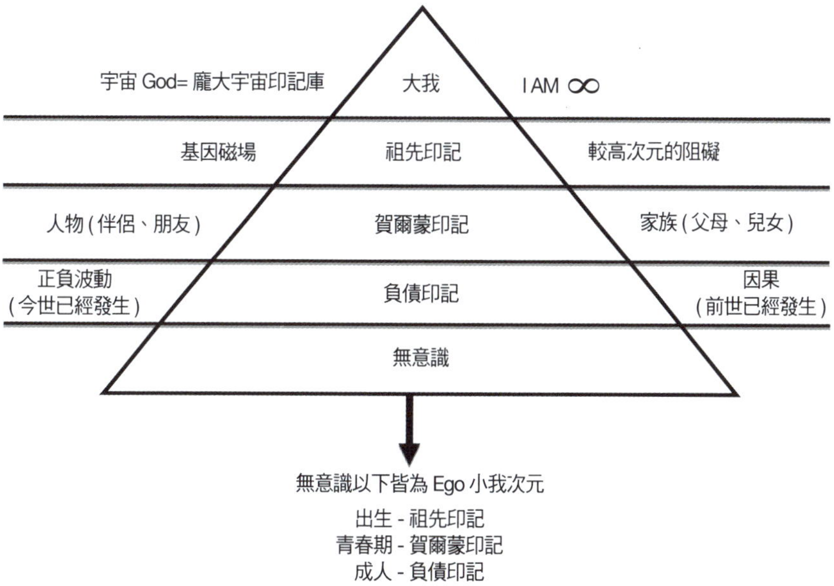

## 利用想像力的思維創造

你的內心有一種神祕的能量，讓你可以形成一種思維或是一個畫面，這個刻劃心像的能力，就是想像力。想像力具有吸引的能量，而這能量也是生命的本質。你無法用五官感覺到這股能量，但它確實存在你之內；運用想像力，不代表你要去破壞宇宙的法則，相反地，你是在真正的運用宇宙法則。

想像力的力量會藉由感恩、愛、喜悅、平靜等特質而更加強大，你的內心越喜悅與平靜、越充滿感恩與愛，造物主的智慧越會與你的想像力結合，你將利用神性的靈感，執行偉大的創造。

一切的創造都始於你的思維，再透過吸引力法則到你身邊。如果你運用想像力，讓心像布滿你渴望的事物和情境，同時你的內心保持在平靜、信任、愛與感恩，則你創造性的想像力，會將這些美好的事物與情境，吸引到你真實的生活中。這聽起來好像向神燈精靈許願，然而，信不信由你，想像力與吸引力法則的運用，比你想的更深奧與豐富。

我們運用想像力的思維，並非創造能量，而是將能量轉化，從一個狀態變成另一個狀態。神性的創造力，是一種將思維的能量轉化成全新、物質化的狀態之能力，而顯化就是最後的結果。

當你運用想像力與吸引力法則，執行神性的創造時，你必須打從心底相信，在你五官未覺察的空間與時間中，你所要的事物與情境，已經確實的存在，能量也已經俱足，剩下的只是如何顯化與完成的過程。而這個過程你也無須擔心，因為當你用思維創造時，宇宙會替你完成，接下來的一切已經安排好了，既然成功已經得到保證，你又何必杞人憂天。

當然，這也不是要你翹著腿，什麼都不做，只等待結果，而是要你放掉期待、擔憂、焦慮與恐懼。你只需相信宇宙與神性智慧，用行動去完成心中的圖像；當你如此做時，心中也要百分百相信，你所要的事物與情境，已經確實到手。你在執行神性的創造，在這過程中，你就是神性，你就是一切，你與造物主正在簽署一張偉大的合約，為了完成你靈魂最大的渴望。

## 第五階般：喜悅、感恩

世界印記富裕學的最後階段，你們必須時時刻刻洋溢著喜悅，感恩所擁有的一切。那股來自內心深層的喜悅會形成巨大的能量，提高你的頻率，你將感受到宇宙財富印記的能量——那富饒、擁有一切、無窮盡的愛與喜悅。

### ◆維持全然喜悅的波動

全然的喜悅並非指短暫片刻的喜悅，肉體所感受的喜悅、滿足，通常這只是短暫的歡樂，只是曇花一現，然而一旦消失，你會想要更多，就像嗑藥上癮一樣，會一直想要處在那種狀態。

這裡不是強調，一個人不能享受肉體的喜悅以及一切與肉體有關的快樂，肉體的喜悅並不是邪惡，只是無法持久。一個人必須真正體悟，真實的喜悅來自內心，是心靈的運作與啟發；因此，只有向內尋找你的平靜，時時感恩來自生命中的所有事物，才能維持喜悅的高波動。

## 感恩不只是一種情緒，培養全然喜悅去感恩，解除憎恨與暴力

感恩不是一種情緒，或是浪漫電影中那種調配出來的膩人的感受。感恩是具有結合性的強大力量，它使得整個宇宙的萬物維持一定的節奏，和諧穩定的運作。感恩是富裕、健康、幸福、成功的基本元素，缺乏感恩，你無法與萬物相融，更無法創造富裕、健康、幸福、成功的生活。

在培養用全然的喜悅去感恩中，你能獲得最重要的東西是解除憎恨與暴力。當憎恨與暴力的思維被除去後，你會看見喜悅與平靜。

當你取得融合感恩的途徑後，有些東西你會開始丟棄，其中之一就是小我（心智）與恐懼，透過放下小我（心智）與恐懼，可將心靈與喜悅置於更高的地位。

## 高波動的感恩狀態

感恩的本質是──人心對於宇宙運作一種完美且全然的回應。處在這種高波動狀態裡，沒有疏離、隔絕、不信任等元素，它代表我們對宇宙流通萬物的運作，以成就我們靈魂最大的渴望，所表現全然的認知與感激。

感恩表示我們清楚知道，沒有什麼事情是理所當然；向宇宙萬物說聲感謝，以體驗自己是完整且無條件的愛。感恩的狀態，處於全然的內在寧靜，你將清楚體會自己與造物主本是一體，因此感恩的對象，不僅是外在的一切，也包含內在的一切。當我們表示感恩，並把感恩的能量傳到全世界，此時我們所做的，與感恩內心渴望顯化的事物與情境，其實是同一件事，就是讓我們體驗到全然的愛與完整。

感恩讓我們更緊密，與我們感恩的對象更連接在一起，不存在任何疏離、隔絕、不信任的感覺。感恩也幫助我們驅離負面的匱乏思維，像是我們擁有的還不夠、我們永遠得不到滿足、我們本身就是不完美……等想法。

當你心中充滿感恩，你是為所有的一切感謝，此時你無法將焦點放在你沒有的東西，你也不在乎那些東西；缺乏感恩的人，會把焦點放在這些不足的事物上，自然會吸引更多的不足。感恩就是要成就我們完整的富裕，是要承認我們已經是擁有者，是生命的本身，也是宇宙偉大創造慷慨的接受者。

## 感恩的高波動將提升財富印記波動值

當你學會感恩與尊重萬物時，你不會一天到晚心情浮躁、忙忙碌碌，心情也不會憂傷、抑鬱、怨恨、恐懼等，你會像所有大師一樣，永遠保持優雅與寬容的態度。

表達感恩之情，事實上，就是發出祝福的正面能量。世界上的萬物，都希望被愛，所以當你心存感恩時，所有的萬物，都會從你那裡接收到愛的能量，化解不平衡的能量，轉化負面的訊息。缺乏感恩的心，會讓你更陷入心智的世界中，不停地累積三大印記，並關起那扇通往真理的大門，神性的智慧與靈感也永遠藏匿於深處。

處在大自然的環境中，要心存感恩，並細心的欣賞祂最美的一面。不要以心智不友善的思維、言語與行動，去玷汙或破壞這偉大的創造。

感恩是心的一種延伸，是對萬物發出愛的頻率。不管你是在辦公室、工廠、學校或是店鋪裡工作，用感恩的心祝福所有人、事、物，讓所有人、事、物，處於健康、喜悅、幸福、平靜、富裕的狀態，你將會有意想不到的收穫。當你為所有人、事、物散發出感恩與愛時，同時你自己也會收到滿滿的感恩與愛。所以當你感恩別人什麼，自己也會得到同樣的感恩；當你阻礙別人什麼，最後反而阻礙你自己。

## 財富聖者的訊息

第一次與財富聖者接訊，是位於聖保羅修道院的聖殿中，接訊的目的是為了幫助我了解真正富裕的真理。我進行深層的呼吸，漸漸地，我感受到身體充滿宇宙的能量；我閉上眼睛，突然間我感受到自己的靈魂被抽離身體，下一秒我看見一個充滿能量的白色光體，祂讓我感受到無比的富裕狀態。白色光體非常歡迎我，開始與我分享祂的智慧：

「我是財富聖者，是一種高等靈魂，我將與你分享世界真正的富裕奧祕。這些富裕的智慧，適用於任何一個人，能夠接收到訊息的人，只屬於肯傾聽的人們，這些訊息將不斷地被分享出去，為了幫助世間人們的靈魂成長。」

第一次的接訊，財富聖者強調，我們要創造真正的財富，必須從內心的心靈狀態下手；而內心的心靈狀態，與我們的思考、言語與行動息息相關。簡單來說，要成為富裕的人，心靈必須是富裕的，任何的思考、言語與行動也必須是富裕的。

我有個案例，他每天工作超過十五個小時，為了就是創造更多的財富。儘管他如此的努力，但是受到三大印記的影響，他的心靈狀態對於財富非常的匱乏，因此他完全無法留住財富；他所創造的財富，會因為各種不同的原因而流失，他便漸漸困在這投射世界中，永遠無法真正的達到富裕。財富聖者的訊息提到：

「要創造財富，付諸行動固然重要，但它也只是在外在世界的假象中改變，這不是最重要的因素。要重新創造財富，最重要的關鍵還是回到自己的心靈狀態，不論在外在世界多麼努力，外在世界擁有的都是內在心靈的投射，因此如果內在心靈沒有改變，再多的行動也是於事無補。」

第二個重點，財富聖者指出，我們必須去感受自己本然的富裕狀態，因為感受是靈魂的語言，我們透過感受，能夠知悉自己本然的富裕；而我們活在人世，就是為了在這個物質世界中，去體驗到這份富裕的狀態。財富聖者的訊息提到：

「你感受到自己是『富裕』的同時，就已經知悉自己是『富裕』，當你在外在世界中體驗到『富裕』時，就真正的覺知到自己是『富裕』，也真正成為你是『富裕』。」

第三個重點，財富聖者指出，我們生活中隱藏著許多訊息，這些訊息能夠指引我們找到富裕；但是受到三大印記影響，我們往往錯失或是無法接收到這些訊息，並讓自己長期處於財富匱乏的狀態中，永遠找不到出路。因此財富聖者的訊息中也特別強調，現今的環境下，要擁有真正的富裕，一定要持續地清除三大印記，才有可能真正接收到外界的重要訊息與指引：

「在生活中注意那細節的訊息，去尋找外在的借鏡，向上看天空、大樹，向下看岩石、小草、小花，嘗試與萬物溝通，用你的感受與他們建立連接，你會發現，生活中的每件事物都藏著訊息，都有值得你學習的地方，每件事、每個人、每棵樹、每朵花、每本書等，都在提供你富裕的路標與指引，只要將這些訊息整合，就能創造你自己的富裕模式。」

第四個重點，財富聖者告訴我，體驗富裕的捷徑，就是回歸到最原始的感恩與分享。因此如果我們要富裕，嘗試從感恩自己的富裕開始，感謝你擁有的一切，並且分享這一切，這會讓沉睡在你內心的富裕甦醒，富裕只會回到認出它的人身上。針對感恩與分享，財富聖者的訊息提到：

「感恩每個當下你已經擁有的任何事物，這是富裕狀態的基礎。一般人認為宇宙是吝嗇的，它不給你你要的事物；事實上，外在的一切都是你自己創造，因此吝嗇的其實是你自己的內心，你吝嗇分享與付出，認為自己沒有足夠的事物，或是認為自己太渺小。

「你想要得到富裕，除非你先允許富裕流出，否則你根本無法知道，其實你已經是富裕；當你分享富裕時，其實就是向宇宙證明你是富裕，宇宙自然會回應你的狀態。」

與財富聖者接訊，讓我對富裕的概念完全改觀。每個人其實早就處於富裕狀態，只是不懂得感受、感恩與分享富裕，當學會感受、感恩與分享富裕的同時，不管你做什麼事物，宇宙都會讓你富裕。

## 祖靈聖者的訊息

第一次與祖靈聖者接訊，是位於瑞士少女峰的史芬克斯觀景平台（Sphinx observation），接訊的目的是為了解決我與家族成員的拉扯問題。我們坐在平台的高處，閉上雙眼，進行特殊的呼吸法。在呼與吸之間，我感覺自己與環境合為一體，能量滲透進我身體的每個細胞；接著這股能量開始上升，帶領我的靈魂不停地向上，我看見自己穿過無數的空間，最後落在一團黃色光體的面前。在祂的面前，有種全然放下的舒服感，感覺過去累積地沉重壓力，在那一瞬間消失，黃色的光體感覺已經把我看透，祂用慈悲的能量迎接我，開始與我分享祂的智慧：

「我是祖靈聖者，是一種高等靈魂，掌管世間的祖先印記。我會幫助你刪除祖先印記，清除祖先業力，讓你與家族成員的拉扯消失。祖先印記消除的同時，你也必須將這些解決家族課題的智慧傳遞與分享出去，幫助更多的人。」

第一次與祖靈聖者接訊時，祂非常強調，每個人必須看重自己的祖先印記。這些不僅影響你與家族成員的關係，也會讓你被困於深層的重複劇本中，完全無法覺察，自己只是在重複的模式中，做相同的事情，不僅僅只是一世，有可能好幾世都是如此。祖靈聖者的訊息提到：

「大部分的人都累積非常沉重的祖先印記，受到祖先印記的影響，不僅會導致你與家族成員產生拉扯，還會迫使你在家族的劇本中，不停地重複演著相同的劇本，為了是去平衡整個家族過去造成的負面能量，也就是祖先業力。」

祖靈聖者也強調，父母的角色特別重要，大部分的父母會無意間累積孩子身上的祖先印記。祖靈聖者的訊息提到：

「天下的父母都有相同的祖先印記，他們會給自己的孩子『希望他們成為自己心目中的樣貌』，孩子們受到祖先印記的影響，被控制著、扮演著父母希望他成為的角色，這樣父母與孩子的關係，無法成為一種真實的關係。」

我們的父母認為，這是他們愛孩子以及關心孩子的表現，他們沒有覺察自己掉入祖先印記的陷阱中；事實上，他們真正關心的不是孩子本身，而是孩子是否有符合「他們心目中的樣貌」。另一方面，很多父母更將自己無法達成的成就，投射於自己的孩子身上，他們希望自己的孩子能夠完成自己無法完成的夢想，並藉由孩子，能夠得到榮耀與成就感，這也是祖先印記影響的例子。祖先印記的投射將控制你去完成未完成的家族課題，也就是父母未完成的成就，為了就是平衡祖先的業力。

有些父母則是會受到祖先印記的控制，過分溺愛自己的孩子，擔心他們受傷或是犯錯。事實上，他們是擔心自己受傷或是犯錯，因為他們已經過度執著與依附自己的孩子，不僅限制孩子的個人發展，還不停累積孩子身上的祖先印記。祖靈聖者的訊息提到：

「受到祖先印記的影響，有些父母會擔心孩子受傷或是犯錯，但是我們跳脫出來觀察，孩子受傷或是犯錯，他們擔心的其實是自己受傷或是犯錯。對孩子而言，這些受傷與犯錯，很多時候對於他們其實是好事，他們的靈魂能夠藉由體驗這些經驗而有所成長。」

事實上，我們自認為的受傷與犯錯，很多時候都是自我意識提升的良藥，它也能幫助你覺察祖先印記，並且清理它們。然而只要你恐懼受苦、抵抗受苦，你就會持續地受苦，過程會變得更長更久，因為當你恐懼與抵抗時，只會加深三大印記的累積作用，對整個事件並無正面的幫助。

# 三大印記案例

## Case 1 內心孤單的女董事

喬安娜（Joanna）是位商學碩士，學校一畢業後，就自行在加州創立兩家網路資訊相關公司。在短短幾年間，公司規模倍數擴大，從小型的公司，變成中大型的集團，股票也順利在美國上市。當時，大家都對她的成功，感到非常欽佩。

但是好景不常，公司在強大的競爭壓力下，逐漸的走下坡，除了進行大規模的裁員外，也進行整併與縮編。但是這樣還是解決不了公司負債嚴重的問題，最後公司的股票下市，面臨倒閉的危機。

我與喬安娜第一次相遇，是在紐約的一家知名餐廳，那時我正與另一位客戶用餐，她突然走到我的面前。

「不好意思，打擾了，請問你是金博士嗎？」

「妳好，我是。」

「我參加過之前你在紐約的一個分享會，對於你當天提到的清理印記，印象非常深刻。」她非常興奮的說。

「很開心那些訊息對妳有幫助。」

喬安娜向助理要了我的聯繫方式，就很客氣地先離開了。當天晚上，我就收到她的來信，信中提到她非常想與我預約諮商。但我從信中得知她的靈魂訊息，訊息顯示，她尚未準備好，她必須先停止自我懲罰的反覆模式，才聽得見真相。於是，我將她靈魂的訊息以郵件的方式回信給她，並持續的清理這些印記。

日後，我陸續收到她的信件預約，當我再次檢視她靈魂印記時，依舊收到相同的答案，她似乎還沒從反覆模式中走出來。半年後，我再次收到她的來信預約，當我一打開信件時，我從她靈魂訊息中看見了她的成長，她的靈魂也已經準備好面對此次的諮商，我便請我的助理將喬安娜排進諮商的行程中。

當我與她見面時，她的靈魂顯然已經做足了準備，在我說明了我諮商的方式之後，便開始讓她發問。

「博士，我要如何挽救我的公司？」

「顯然妳現在非常迫切想解決財富的問題，但妳的靈魂要我告訴妳，妳的壓力已經到達極限了……」

當我說出這句話時，她忍不住哭了出來。

「現在最當前的問題，並非你的公司，而是妳應該先多學習愛自己一點……」

「多……愛自己一點？」她的情緒還沒有恢復。

「沒錯，妳的靈魂告訴我，妳長期處於孤單寂寞的狀態，沒有一個人陪伴，所有的事情都是自己一個人承擔，最近加上公司的問題，妳已經接近崩潰。」她越聽我講，哭得越嚴重，因此我將諮商暫停了十分鐘。

「……抱歉，博士，不知怎麼地，眼淚就一直落下來……」

「因為妳的靈魂為妳感到難過，她說妳不值得這樣，妳應該多愛自己一點。」

「那我該如何做？」

於是我詢問造物主，該如何幫助喬安娜調適她內心的孤獨與不安。

「她的公司之所以會有這樣的問題，其實與她內心充滿恐懼與孤獨有關，這受到她累世的印記影響，這印記因為長期一直沒有得到清理與解決，導致了她財富的問題。」

「印記瑜伽非常適合她，可以幫助她穩定她的情緒，再配合運用屬於她的清除印記碼，可以幫助她清理負面的印記。」

我將造物主的訊息與印記瑜伽的方式告訴了喬安娜，告訴她，在充滿壓力與悲傷的時候，可以運用印記瑜伽調整情緒，幫助她回到喜悅與愛的狀態，並且持續的運用清理印記碼，來清理累世的三大印記。

臨走前，造物主要我給喬安娜一幅適合她靈魂的清理圖騰，放置在她的臥室裡，幫助她清理因為印記所產生的負面能量。

喬安娜非常快速的掌握了印記瑜伽的要領，我看得出她靈魂非常的渴望，我知道，透過清理印記的方式，她將學會真正的愛自己。

喬安娜最後結婚了，她的婚姻生活非常的美滿，她的丈夫是另一個企業的總經理，透過她的丈夫，讓她瀕臨破產的公司有了新的合作機會，但我知道，這一切都不如她內心富饒的愛。

## Case 2 無法建立良好關係的服飾公司老闆

史帝夫（Steve）是一位加州的商人，擁有一間小型的服飾公司，他透過信件的方式來找我。在我與他的靈魂確認他適合印記諮商後，即請助理安排我們見面。第一次與他見面時，我看見他的印記來源主要來自於印記失衡很久了，因此他看起來非常的緊張，對我充滿警戒，且眼神非常的焦慮。

我看見他一直把玩自己的手指，眼神飄移。後來在進行對話後，他告訴我，他的員工對他索求無度、不忠誠，而且抱怨很多，令他難以接受，於是他用更強烈的方式壓治他們——懲戒、開除他們。

除此之外，他有三次的婚姻失敗，還有酗酒、吸菸的習慣，他跟我說，他曾上過各種心靈課程，但卻讓他時常處在自我深層的矛盾。

他還告訴我，他出生沒多久，母親就把他留在加州一個教堂的階梯上，從此失蹤，在孤兒院過著非常不快樂的日子；之後他被一對殘暴的夫妻領養，這對夫妻對他嚴苛、甚至無法認同他，這讓他非常痛苦，甚至想要自殺。

後來他十幾歲離家，曾經犯過許多前科，甚至有幾次入獄的經驗。後來在一位貴人的相助下，他才白手起家，轉為正業，成為公司老闆；但心靈卻依然不快樂，總是感到無比的空虛，因為他在職場上依然無法得到其他人的認同。

我發現他對於世界的觀感是非常的憤怒、武斷的，在尋求他的靈魂同意後，我決定調閱他的印記重複劇本，幫助他找出這世讓他承受如此不被認同憤怒的原因。

「史帝夫，我現在要請你放鬆心情，傾聽我，請你先閉上眼睛。」史帝夫剛開始依然非常的恐懼，於是我開始清理他身上負面的恐懼能量，他才顯得較輕鬆一些。

接著我看到他的靈魂發出一些訊息給我。我看到一些畫面，看到他大約一周大時，他的母親將他包裹在一件褪色的藍色毛巾裡，我將當時她母親低著頭對他說的話轉述給史帝夫。

「她留著眼淚，飄散著黑髮，緩緩的說：『為了你好，我必須離開你。我沒有錢照顧你，我的父母不會幫我們。我愛你，我會一直愛著你，永遠把你放在心裡。』」

史帝夫聽完，忍不住激動得流下眼淚。我告訴他，即使他的母親不在身邊，母親的能量與愛依然陪伴著他。

「噢，我真糟糕，我恨我的母親！我打從心裡覺得自己沒人要，我老是發脾氣、憤怒，將錯都推給他人。我一直虐待他人，甚至讓別人絕望，我想透過其他人的痛苦，來減輕我的痛苦。我錯了。」史帝夫非常激烈的說著，我看到非常強大的情緒釋放出來，我先讓自己與史帝夫保持一段距離，等他抒發完，再繼續諮商。

後來我在史帝夫的靈魂訊息中，看見了史帝夫的某世，他在那一世是一位部落的領導人。大約西元前兩千年前，位於紅海附近的阿拉伯半島上，他是當時的祭司，為了掌控權力而控管人民的食物，他以暴力、權威的方式壓榨人民；而當時，今世遺棄他的母親，在那一世也是他的母親，她母親恐懼自己的兒子所犯下的罪刑，於是偷了食物分送給人民。她因為沒服從於史帝夫，而被史帝夫處死。

我詢問造物主，我該如何幫助史帝夫建立幸福的關係？造物主告訴我，他之所以如此，是他今世必須學習的課題，他必須學習不以權威的方式跟他人建立親密的合作關係，他必須克服權威與憤怒，才能有所轉變。

戒除對於酒與菸的上癮症是首要的任務。今世會染上這些疾病，是他長期得不到認同所致，這起因於好幾世所累積的祖先印記、賀爾蒙印記，因此要針對此印記加強清理。

「史帝夫，放心，你不是一個人。造物主要我告訴你，從現在開始，你必須全心全意地專注在清理你的三大印記，每天早晨與睡前記得運用清除印記碼；除此之外，你今世身體因為受到印記影響已經非常嚴重，因此每當你開始有菸癮、酒癮時，必須配合使用自然醫藥與水清理法，可以轉化你身體的負面能量。」

「我該如何進行呢？」顯然史帝夫有很深的困惑，於是我當場幫他選擇了專屬於他的清理印記碼，並示範一次使用方式，也請史帝夫拿著一杯純淨的水，進行一次水清理法，確定了高波動後，他當下就有感覺。

透過淨化與清理，我看到史帝夫受到印記影響的受損能量已漸漸回復。我告訴史帝夫，他必須每天早晚都要做一次清理，長久下來才會真正完全清除印記，開創新的劇本，否則很容易就回復原來的重複劇本。我將專屬清理印記碼與水清理法要注意與使用的方式交給了史帝夫，我看見他的臉色終於有些紅潤。

離開我的工作室前，他非常感激我，他說他內心感到無比清澈，從來沒有如此清楚過，他依稀知道他往後的人生該怎麼樣去做改變。我告訴他，並非是我的功勞，是因為造物主同意幫助他。我要他持續清理，才能更清楚造物主要傳達的訊息，因為我們都是一體的，而造物主也永遠愛著他。

大約過了一年多，我收到來自史帝夫的一封信，信件內容是一場兒童基金會的公益講座，希望我去參加。信件內容還提到，他回去之後，每天早晚都有持續清理，之後生意越做越好；他發現他開始了解每位員工的心，甚至可以洞悉許多服飾業未來的發展趨勢，於是他改變了許多他舊有的制度與規定，增加了許多福利與分紅制度。

這些政策方向的轉變，剛開始確實受到一些人的反對，但他越清理，越發現他的改變是正確的，員工越來越支持他，更多的人渴望進入他的公司。彷彿連鎖效應般，現在，從小型規模的服飾公司，轉型為世界整合的連鎖服飾業，他現在在東南亞還有許多工廠，準備進軍亞洲市場。因此他非常感謝造物主與我曾帶給他的轉變，於是成立了一個基金會，專門幫助一些弱勢家庭與孤兒，希望我能參加這個基金會的公益講座。

Case 3

## 找回治療能力的靈性治療師

鮑伯（Bob）是個靈性治療師，他主要是靠雙手替病患進行能量的治療。過去也曾經治療過許多名人，得到很大的肯定，世界各地都有人專程來美國找他治療，有些甚至還利用遠距的治療方式。但是最近這幾年，他的治療效果有下降的趨勢，一直找不出原因。原有的客戶開始尋求其他管道治療，他醫院的生意也每況愈下；另一方面，他自己的身體也出現了狀況，常常會感到頭昏腦脹，並且常常在睡夢中驚醒，沒能好好地入眠，使得整個生活都被打亂。

鮑伯與我是很要好的朋友，我們在一次聚餐中，他提到他的困擾，並向我尋求幫助。

「鮑伯，你過去有執行清理三大印記的工作嗎？」

「金，說真的，我們認識這麼久，我還沒有真正清理過三大印記……」

「鮑伯，你的靈魂告訴我，在你幫助病患治療的同時，身體會共振到不良的訊息，導致三大印記的累積，因此，你的治療天賦，完全被三大印記的負能量給阻塞了。」

「對你說的話，我心裡非常有感覺。那我該如何做呢？」

「當然是盡快執行清理三大印記的工作，而且你要持續地清理，尤其是在每次治療病患前後。造物主要我告訴你，每次治療病患前後，都要進行清理印記碼的工作，以穩定那些高波動清理能量，方便體內不良訊息的排出。」

下一次與鮑伯見面，大約是三個月以後，我能看見他的氣色明顯改善，身體的能量也恢復許多，整個人容光煥發。

「金，清理三大印記真的有效，我現在身體好多了，而且治療能力也恢復了，有時候還接到很好的靈感，讓我改善治療的手法，也得到不錯的效果。」

「這是當然的，只有持續清理，就有可能完全發揮天賦。」

鮑伯目前正準備擴大醫院，並不停地尋找與他一樣有治療天賦的人，打算成立一個醫療聯盟，幫助更多的人；他也想進一步學習印記的清理，將清理三大印記放入他的治療中。

## Case 4 小職員變經理

詹姆士（James）是個行銷公司的小企劃，他的工作量非常重，卻只有微薄的薪水。但他並不氣餒，他相信只要努力，一定會有出頭的一天，因此他每天很努力的加班工作，想要尋求升遷的機會。

他們公司的競爭非常激烈，每一個人每天上班都戰戰兢兢，怕錯走了一步，就會遺憾千年。當然，詹姆士也是一樣，他每天都在龐大的壓力下工作，讓他非常痛苦，可是也必須咬牙苦撐，只為了生活。另一方面，公司內的鬥爭非常嚴重，派系也非常多，詹姆士非常討厭這樣的狀況，他也不願意加入任何一個派系，自然而然他就受到其他人的排擠與欺負，慢慢地失去對自己的信心，升遷的機會也微乎其微。

詹姆士參加我在鳳凰城的一場印記清理活動後，深受感動，因此一直尋求管道想與我見面，但是我那段時間非常忙碌，只能透過信件的方式與他聯繫。

金博士您好

那一天聽完您的演講後，我受到很大的震撼。原來我想像中的世界，與真實的世界有如此大的差異。我特別喜歡您對人生劇本的描述，您說：「唯有清理三大印記，才能剪除過去的舊有劇本，開創屬於自己的新劇本。」這句話鼓舞了我，因為我很不喜歡現在的工作，也不滿意現在的生活，我想要過得更好，我要主宰生命，而不是被生命主宰……博士，我該怎麼辦？您能給我一些建議嗎？

詹姆士 於鳳凰城

以下是我的回信內容：

Dear 詹姆士

很開心我的演講對你有幫助，當然，也希望這封信能夠對你有幫助。

你的問題與大多數的人相同。就我的觀察，大多數人跟你一樣，非常努力的工作，卻得不到應有的回報。難道努力是錯的嗎？在這裡我要回答你，「有意識」地努力才有用，「無意識」地努力只是徒勞無功，你只是在重複劇本中，重複演出而已。這就是事實，也是真理。那我們要如何「有意識」的努力呢？

方法很簡單，就是持續的清理你的印記。當你持續的清理，你整個人生將會有巨大的改變，你會接到神性的靈感，並依照靈感去做事。當你照著靈感去做事時，你就是「有意識」的在做事，因為靈感會引領你，去執行你靈魂最大的渴望。在那種狀態下，你所做的一切，都是神性的創造，都非常具有威力，那種創造力遠超乎你的想像。

造物主要我告訴你，如果有能力，去一趟瑞士的能量之門，對你會有很大的幫助。另一方面，持續地進行清理的工作，相信在不久的將來，你也會「有意識」的活著，開創自己的人生。

永遠對自己的靈魂負責　金博士 於洛杉磯

我與詹姆士來來回回寄了許多封信，大都是在討論清理印記的技巧以及他的感想心得，還有他的改變。以下這封信，是他清理持續一年半以後給我的回信：

金博士您好

上次與您通信，大約在一個月前了，上次信中提到，我正為了升遷為協理的事情努力。很遺憾地，我沒辦法成為公司的協理，但是我得到更意想不到的收穫。

我在原公司的一個企劃案，受到另一家公司的賞識，他們看了企劃案以後，對我獨特的見解與思維，非常感興趣，公司的董事長也非常喜歡我的為人與理念，因此他們決定用重金挖角我成為他們公司新任的行銷經理。這聽起來是不是很瘋狂？我自己都覺得很瘋狂，正如博士所說的，我的財富循環真的改變了，而且是瞬間改變。這將近一年半的時間，我都深信這一天會到來，終於給我等到了！我不知道該怎麼形容現在的心情，如果有機會，我一定要當面向您感謝。

清理三大印記，真的轉化我的人生劇本。我現在回想，如果一年半前，我沒有寄那封信，沒有開始清理，我現在一定還是一個小職員，每天過著痛苦的日子，想到就覺得好恐怖。但過去的事情已經過去，下一步我要學會活在當下，朝著更大的目標努力……

詹姆士 於鳳凰城

Case 5

# 清理土地與建築的企業主

查爾斯（Charles）出生於墨西哥，從小父親就經商，也小有成就，因此全家於他十二歲時，移民至美國的達拉斯。查爾斯也是個經商的天才，事業已經在地區上頗有名氣，甚至還受到知名商業雜誌的專訪，主要從事的投資為製造業、造紙業與菸草業等，採取多元化的經營模式。

好景不常，在美國遭遇經濟危機時，許多關係企業資源受到壓縮，查爾斯整個企業的經營方向受到挑戰。當然，他也不是省油的燈，透過合併與整編，不停地嘗試新的方法，讓自己的企業找到一條出路。可是事情並沒有如他預料的順利，他多元化經營的企業集團旗下的子公司一家接著一家倒閉，漸漸打擊他的自信。但是他不曾放棄，持續尋求突破的方法。

查爾斯的朋友是我重要的客戶之一，因此他來尋求我的協助。

「金博士，我從我朋友那邊聽到您許多事蹟，其中有些是關於企業經營的部分。我這次來就想請教您，我要如何讓我的企業有所突破？」

當他一說完，我看見他的子公司放置有著嚴重的負債印記，我將狀況告訴了他。「放置正確的位子？我該如何做呢？需要我把各子公司的狀況告知您嗎？」

「不需要那些資訊，你只需要清理你的印記，以及清理每個子公司的土地與建築位置。」

「那為什麼要清理土地與建築呢？」

「你的靈魂要我轉答，你企業的土地與建築，已經受傷非常嚴重，主要原因與你父親的負債印記有相當大的連結。這些負債印記導致建築內部的不良訊息瀰漫，讓它們也喘不過氣。」

「金博士，您的話讓我突然領悟，因為我的父親一直以來對於我的企業感到相當不諒解。」

「你的子公司的土地有著嚴重的負債印記。只要你持續清理印記、土地與建築，你會訝異你的子公司將會有所轉變。」

在與查爾斯進行下一次的諮商時，他告訴我，公司的企業已經恢復了蓬勃生機；非常奇蹟似的，他並沒有做特別的安排，各個子公司就非常自然地處在它們最佳的位子，整個企業集團的營運超乎想像的順暢。更重要的是，他告訴我，他也將清理印記的方法、土地與建築的理念，在企業中普遍使用，公司的員工受到他的影響，除了事業上的順利，甚至連許多原本困擾著他們的感情問題、家庭問題、人際關係問題，都開始有了改善。我想這就是他靈魂請我特別幫助他清理企業的原因，幫助他的企業進行印記清理，也同步改變了上百個靈魂的波動。

## Case 6 前世為守財奴的投資客

班捷明（Benjamin）是個美國的投資家，從小家庭富裕，父親經營超商起家，在世界各地擁有無數家分店。班捷明擁有投資的天賦，年輕時不管投資任何股票、債券、產業等，都能夠得到一定的報酬，讓他累積了不少的財富，也成為新一代投資家的佼佼者。

然而，班捷明一帆風順的日子在父親過世後，受到嚴重的打擊。他心情低落，短時間內，所有的投資都像碰到暴風雨般，擁有的財富，也在一、兩年內賠光，開始過著負債的生活。這些低潮經驗雖然讓他的信心與信念大受打擊，但是他內心依然沒有放棄成為一流投資家的願景。

班捷明最後找上了我，為得是想明白父親過世後，投資不停失敗的主要原因。

與他諮商前，我開始提前進行他的資料調閱。他的靈魂讓我看見許多畫面，祂要我轉達，清理他前世在英國所造成的印記累積，會幫助他突破這一生的財富困頓。得到此訊息後，我依舊持續的清理這些印記的波動能量。

與他見面時，我看見他的身體有著沉重的負債印記，這讓他顯得非常疲憊。

「博士，我今天來的目的只有一個，就是找到日後能投資成功的關鍵。」

「其實在你來之前，我早已經看到關於你的一些畫面。」

「什麼畫面？」

「這些畫面能夠解釋你目前投資不斷失敗的主要原因。你的前世生在英國，是個非常會投資的富豪，你擁有非常鉅額的財富。但是你對財富的匱乏感卻沒有減少，你為了減少匱乏感，將財富完全地封鎖起來，就像個守財奴一樣，因此你在前世累積許多的負債印記。

「你在年輕時還能靠你本來的天賦賺進一筆財富，但是你依然不懂得分享財富，因此今世也持續累積負債印記。這些負債印記在你父親過世後，開始作用，因此你的投資會不斷地失敗。」

「如果是這樣，我要如何解決這個問題？」

「你必須學會時時擁有富足的信念與心態，並且懂得分享財富。造物主要我告訴你，清理印記碼能夠幫助你憶起你曾經的富裕狀態。除此，如果可以，你必須去一趟英國的能量之門，你會在那裡得到新的靈感。」

「為了讓我的投資起死回生，我願意嘗試看看，感謝您。」

班捷明在清理三大印記一年後，投資開始有很大的突破，他也學會把財富分享出去；成立了一個慈善的基金會，專門將他的投資理念，傳授給那些需要幫助的人，讓他們也能夠一同享有富饒的能量之流，感受造物主源源不絕、豐盛的愛。

## Case 7 尋找靈感的企業家

在我諮商的個案中，有許多國際性的企業經營者，當他們的公司處在高峰期，卻往往陷入事業的成長值停滯不前、甚至倒退的瓶頸。

世界上所有具前瞻性的企業家都知道，要不斷突破舊有的經營方式，發展出具創意性、獨特的經營思維與方向，這往往都仰賴那一瞬間的感覺——有人稱之為靈感、啟發。事實上，這些靈感的泉源，是造物主的智慧指引人類富裕的關鍵。

在人生起伏不定的旅程中，會遇到一些令人痛苦與停滯不前的關卡，讓人經歷痛苦與憂鬱，除非找到打開突破之門的關鍵鑰匙，否則這些痛楚將會引發更多不同層面問題。透過印記的清理，可以讓我們更快找到這把關鍵鑰匙，以下就是最好的例子。

約翰（John）是我一個個案，他是個白手起家的企業家，主要經營零售商店。他告訴我，過去他養成每天打坐半小時的習慣，在打坐的時候，都會接到神性的靈感，這些靈感幫他解決不少商業上以及個人的問題，也造就他目前的事業成就。

近年來，他的靈感漸漸地消失。為了找回失去的靈感，開始學習許多心靈的課程，但是心情依然無法保持平靜，整天心煩氣躁，完全無法接到新的靈感，因此讓他的事業陷入瓶頸。除此之外，他的身體也開始出現問題，讓他面臨前所未有的挑戰。

我受邀前往他的公司進行印記清理，他對於印記運作的方式非常感興趣。

我簡單的向他說明了印記的主要概念：

「印記，是我們靈魂累世累積的訊息，這些印記讓我們產生許多重複且戲劇性的人生經驗。事實上，百分之九十五的人都在這反覆印記的劇本中，透過許多印記事件的重播，我們感受到痛苦、憤恨、忌妒、懷疑、悲傷……等情緒。而清理印記，就是剪除舊有的人生劇本，運用神性靈感，進行神性的創造工作，為得就是滿足靈魂最大的渴望，完成此生最高靈魂劇本。」

「金博士，請問我能透過清理印記的方式恢復靈感嗎？」

我開始詢問他的靈魂，並轉達現在他的狀況。

「你的靈魂要我告訴你，過去你利用靈感，進行神性的創造工作，那段日子祂無比的喜悅。但是近年來，你受到印記的影響，你的靈感已經消失，現在是憑藉著過去的經驗與你的腦袋經營公司，已經不再是當初偉大的創造。」

「那我必須做些什麼，來改變我現在的狀況？」

於是我開始詢問他的靈魂，我該如何幫助約翰，清理他的印記。

「你的靈魂要我轉達給你，你的負債印記已經影響至身體層面，在你四十九歲時將會有生命危機，你必須透過清理，平衡這些負面的能量，才能轉化你現在的困境，繼續完成你的人生課題。」

「我的人生課題是什麼？」

「你的靈魂要我告訴你，你這輩子最主要的人生課題，首先是財富課題，再者就是身體課題。因此在這兩方面，一旦到達印記運作的時間點，你就會受到負面印記波動的強烈干預，衍生出許多問題。」

「我要如何清理這些印記呢？」

「你需要去一趟西歐的能量之門，你有一世曾在那裡幫助了許多人得到財富。」我將他專屬的清理印記碼告訴他，約翰顯得非常地興奮。

「如果真是這樣，那我必須趕快做安排！」他馬上打電話給祕書，要她安排前往西歐的事宜。約翰在短短兩個月的時間後，就前往西歐。在三個月後的一個晚上，我接到他打來的電話。

「金博士，真不可置信，我又找回我的靈感了！我現在的思緒好像回到四十年前，甚至比創立企業那時擁有更多很棒的新想法與點子！我徹底地重整了我公司的企劃案與經營模式，我了解我的公司還有好多方向可以前進，這真是讓我太興奮了，好像又年輕一次！」

後來約翰所經營的零售商店有了更多元與創新的發展，他甚至結合了不同領域的作風，開創新的經營模式；另一方面，他的身體問題，也因為持續的清理，獲得了改善。

Ch 4

# 富裕與祖先印記

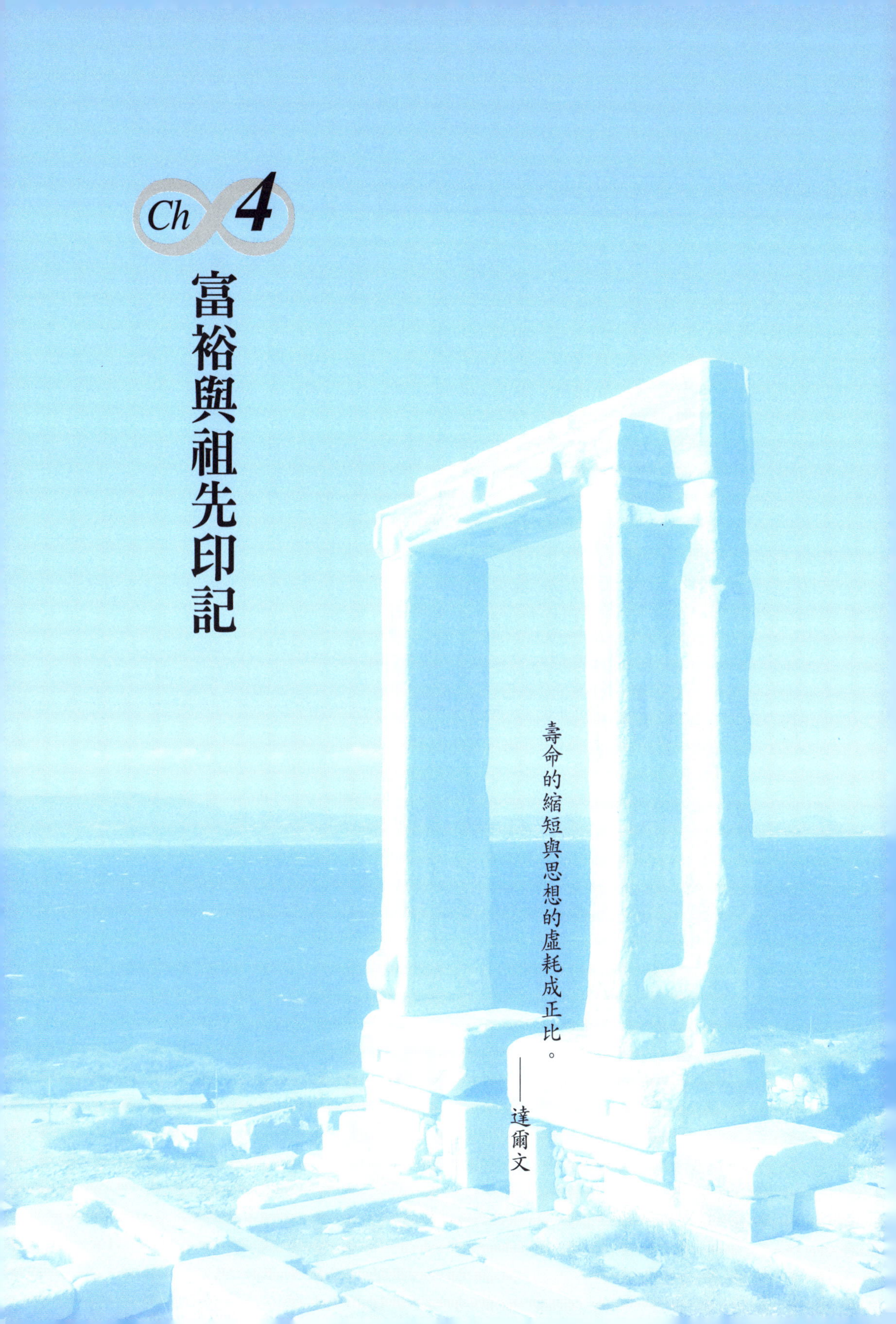

壽命的縮短與思想的虛耗成正比。

——達爾文

# 疾病與身體

## ◆疾病始於自己的思維創造

我們的疾病都是自己創造的。大部分人都在無意識的狀態下，種下疾病的火苗，等到它釀成大火時，才發覺事態的嚴重。

造成疾病的最原始能量為恐懼的發起思維，在這種思維下，會擴散發展成憂慮、憎恨等負面情緒，在這種負面的情緒下，會加速三大印記的累積，最後三大印記累積超過一定比例，或是超過一定的量後，就會顯化成疾病，因此所有的疾病最初都是思維的創造。

一旦疾病發生後，便較難再度的轉化，因為所有物質化的事物，能量振動比較僵化與沉重，要重新提高振動，需要更大的正面思維與信念，以及全然的信心。

一位真正的治療者，必有全然知曉及超越形式限制的信心，他勢必相信你本如鑽石般的完美無瑕，他的治療過程，只是讓你回到最初的狀態。但是，要記住：真正的痊癒，最終要靠我們自己。即使治療者短暫將你恢復到最初純淨完美的狀態，你若缺乏正確的思維，疾病將再次顯現。

## 症狀是三大印記的訊息，尤其是祖先印記

三大印記→三大印記的訊息→症狀→疾病

祖先印記（脊椎印記）→祖先未完成的課題（訊息）→症狀→疾病

症狀是個訊息發起者，當我們的身體產生症狀時，會吸引我們的注意，使我們身體、心智與靈魂都被迫去關注它，因而打亂原有規律的生活。這些症狀大都是三大印記所造成，且多為祖先印記。當症狀發生時，我們必然會無法選擇地受它吸引，我們會覺得非常疲累、困頓，並在潛意識的作用下，嘗試去排除這些感覺；因為我們天生討厭困頓，於是與困頓的大型戰爭即將展開。在戰爭中，困頓得到我們全心全意的關切，這是祖先印記的圈套，它就要我們注意它與關切它。

現在一般正統的醫學，認為症狀只是一種隨機發生的現象，了解症狀並無意義，因此他們把注意力放在向外尋找疾病根本的原因，利用實驗、演算法與邏輯，嘗試證明某些外在因子造成了某些疾病。這樣的方式讓症狀真正的功能消失，忽略了其背後所潛藏更深層的念意——提醒你未完成的祖先課題。

為了更清楚的說明，我舉個簡單例子。我的電腦安裝了一個防毒軟體，當電腦受到病毒入侵時，防毒軟體就會產生警訊。有一天當我正在看電影、聽音樂或是寫文章時，電腦突然中毒了，防毒軟體發出了警訊，並打亂我原有的行動。這樣的情況讓人心情變糟，但是因為這種小事就心情不好，也未

免太誇張了，於是我按了幾個按鍵，將病毒刪除，重新調整心思回歸原本正在做的事。

如果能夠預防病毒產生當然是最好，但是防毒軟體發生警訊，是要提醒我們電腦中藏有病毒，所以我們只要將病毒刪除，警訊也不會再響起，我們又可以開心地做自己的事情。但是，如果你處理病毒問題時，只是把防毒軟體刪除，雖然警訊確實會消失，看似也達到我們的目的，可是方法卻太膚淺了；我們的目的不是讓警訊消失，而是要追根究柢把警訊背後的病毒給刪除。簡單來說，警訊只是一種訊息，要我們找出真正的原因。

症狀跟防毒軟體的警訊有異曲同工之妙，全身上下的症狀，你很難看見它產生的過程，你只會注意它真實的表現。因此，有症狀，就是要我們暫停一下，去找出電腦背後的病毒，並了解造成問題的根本原因。所以我們不需要對症狀感到困頓，甚至離譜地試圖消滅症狀的出現；我們只要讓症狀不發生，而要做到這一步，就必須把焦點從症狀移開，去覺察更深層的東西，也就是祖先印記。

一般醫學最大的通病，就是把焦點放在外在世界中。他們被變化多端的症狀所迷惑，因此把症狀當作疾病；也就是說，他們分辨不出物質層面與訊息層面的差異，到頭來，他們把大量的資源與技術，用在醫治某一器官或是身體的某一部位，卻從來沒真正的治療一個病人。

一般醫學的目標是總有一天要去除所有的症狀，他們卻沒靜下來，認真思考這條路是否可行。實際上並沒有使病人的數量減少，病人和過去一樣多（甚至更多），只是症狀改變而已；有些人卻用舊有症狀的統計資料，想遮掩這個嚴重的事實，在期刊與書籍中，宣稱得到舊有疾病的人數已經改善，卻遲遲不敢提到新症狀疾病越來越控制不住的事實。

疾病不曾減少過，過去、現在與未來都是如此，因為祖先印記也從來沒消失過；除非開始關注祖先印記其訊息，而不是關注症狀，否則無法真正根除疾病。祖先印記就像生死一般，是深根於靈魂的印記，無法用一般的邏輯與公式將其清除，它也是一種偉大的存在；如果每個人都這樣思考，就會知道，用一般的方式來解決疾病的問題，是個本末倒置的行為。

## 學會了解祖先印記的訊息

疾病不只是身體的一種狀態，而是指人在身體、心智與靈魂上失去平衡與穩定。身體、心智與靈魂平衡的散失，會以症狀的型態提醒你，並在身體上表現出來；而症狀不只是祖先印記訊息的警訊，也是祖先未完成課題的傳輸工具。症狀會提醒我們，讓我們誠實的面對自己的身心靈；換句話說，它會提醒我們，有哪些祖先未完成的課題需要完成。

一般醫生診斷病人，都會聚焦在：得了什麼疾病？有什麼症狀？但我會將問題聚焦在他靈魂透過疾病所想傳達的訊息，而祂們會將最高的渴望與使命告訴我，我再轉達給病患。這之間有什麼差異呢？差異在於：一般醫生會針對頭痛的症狀去治療，而我是與病患的靈魂溝通，直接針對病患的身心靈做調整；也就是告訴他們，有哪些課題需要完成，以及他們的靈魂渴望哪些體驗。

症狀是疾病在身體層面上的顯現，而症狀是人擁有的某些狀態。根據二元性的原理，你「擁有」某些狀態，也就是說你「缺少」某些狀態；這「缺少」某些狀態，也是祖先印記要傳達的訊息——你

「缺少」某些靈魂渴望的體驗課題。

一旦分辨祖先印記的訊息與症狀的差異，就能改變一般人面對症狀的基本態度。千萬不要把症狀當作敵人，它其實是你靈魂最好的朋友，在幫助你覺察與探索，自己缺少了什麼體驗？自己還有哪些人生課題需要完成？進而克服當前的疾病。如果從這個角度來觀察，就會發現，疾病雖然恐怖，但是是我們的貴人，在我們走偏軌道時，提醒我們要對自己的靈魂負責。疾病只有一個目的，幫助你的靈魂完成人生劇本。

了解祖先印記訊息的過程，我們能清楚自己還有哪些身體課題，但是前提是，你要會解讀祖先印記的訊息，而本章的重點，就是要你憶起祖先印記訊息代表的真正內涵。

祖先印記的訊息是一種靈魂的語言，其所要傳達的往往超乎你的想像，且會讓你豁然開朗。如果我們能用心聆聽，傾聽靈魂的聲音，你會漸漸明瞭訊息的意義，並能了解其中涵義，因為身心靈本是一體，它完整傳達靈魂的渴望，更是你重要的朋友，只屬於你的專屬的朋友。

事實往往讓人難以接受，祖先印記所傳達之訊息也是如此。即使是最親密的家人與朋友，也不一定敢誠實說出關於我們的事實；但是祖先印記訊息不同，它永遠坦坦蕩蕩。也難怪我們會覺察不到它，因為我們恐懼真相，不斷逃避真相，用各種方式強迫自己忍受疾病的痛苦，到頭來也無法得到真正的痊癒。只有用心傾聽祖先印記所傳達之訊息，並與之溝通，它才會化身為聖者，指引我們人生真正該走的路。到那時，我們就再也沒有症狀、沒有疾病，因為它們的任務已經達成。

## 治療疾病是走向完成人生課題的道路

對抗療法與自然醫藥，是完全不同的兩件事。自然醫藥是身心靈成長的過程，而對抗療法只是壓抑症狀的過程。對抗療法即是用盡各種手段（藥物、化學物品），使你疾病的症狀消失；而真正的治療，是使你的身心靈更平衡與和諧，以圓滿靈魂體驗，這完全是不同層次的面對疾病的方式。

疾病的真正療癒，所代表之意義重大，不僅表示你的靈魂意識提升，也表示你完成了一些人生課題，對於靈魂的進化而言，這是無比的榮耀與雀躍。因此，治療疾病，一語道破，就是走向完成人生課題的道路。

一般醫學對於自然醫藥有著盲點，談到療癒時，無法意識治療真正發生的層次，他們把自己局限在物質世界中，也就是物質世界的純粹方法。當然這並沒有「對」與「錯」，只是在物質世界中大家所能認知的方法而已，我們沒有權力因為不贊同它，就要求或是強迫別人跟我們一樣背棄它。

一般醫學在物質層面的治療（症狀的對抗）非常有效，因此他們建立了醫學的體系，把症狀與疾病系統化與大眾化；但是其實每一個人的疾病，都是獨一無二的，因為他們要面對的課題也是獨一無二。目前能看破一般醫學盲點的人越來越多，身心靈同步治療將是未來的趨勢。

我們要在乎的不是人對於疾病做了什麼，而是在乎他們自己是否清楚在做什麼。贊同此觀點的人會發現，不僅是一般的醫學，現在很多宣稱「天然療法」的醫學模式，也是試圖以物質世界的方法治療疾病以及預防疾病，不過其中可能也會提到健康的生活方式。就某種層面來說，他們的理念非常正確，畢竟天然物質的能量優於化學物質；但是就意識形態層面而言，仍需要再提升，因為你無法利用物質層面的方法，去改變訊息層面的結果。「天然療法」固然能提升身體能量，但是對於靈魂的課題，不一定有實質的幫助。

人們走的道路，是完成人生劇本的道路，你會從痛苦轉向愉快，從疾病轉向療癒，從悲傷轉向喜悅，從黑暗轉向光明的道路。疾病與症狀不是意外造成，皆是安排好的，因此它不是路途上的障礙，是祖先印記傳達訊息指引的一條明路，我們順著這條路走，便能完成人生劇本。因此我們要改變思維，不是對抗疾病，而是與它合作；利用它，讓我們的靈魂再次的進化，以成就物質世界的完美靈魂為目標。

祖先印記

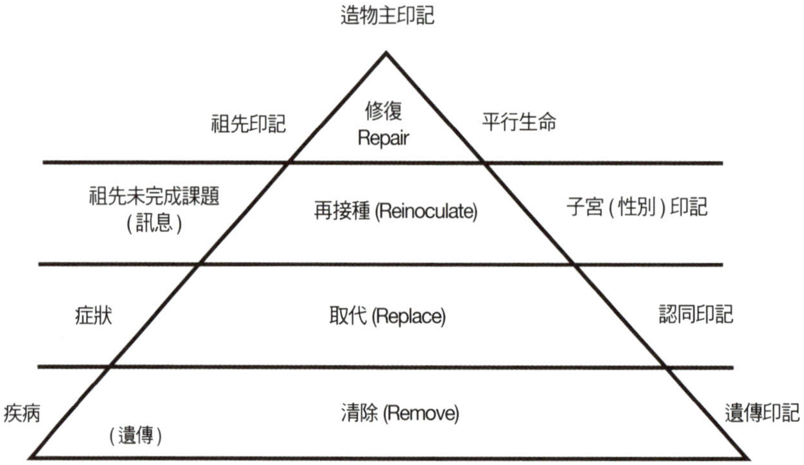

# 清理三大印記，創造財富與健康

## ◆身體與財富問題之印記組成

一般身體問題之印記組成，根據造物主給我的神性智慧，以最狹隘的方向來看，即：三大印記中，祖先印記的比例達到最高（如下圖右）。祖先印記的訊息要提醒你祖先未完成的課題，進而讓你身體罹患某種疾病，造成身體的問題。

但是，一般情況下，很少人只有身體的問題。除了身體問題，最多的情況，是伴隨著財富的問題，也就是累積負債印記的「量」已經過多。如果以數值化來說明，超過了一百（如下圖左），就是該案例遇到了財富問題以及身體問題。

以上財富與身體問題之印記組成，只提供讀者大方向，而不是精準的定律。因為印記的實際組成與作用，非常的複雜，而我們也不需要了解，我們

三大印記組成（量）—身體問題與財富問題

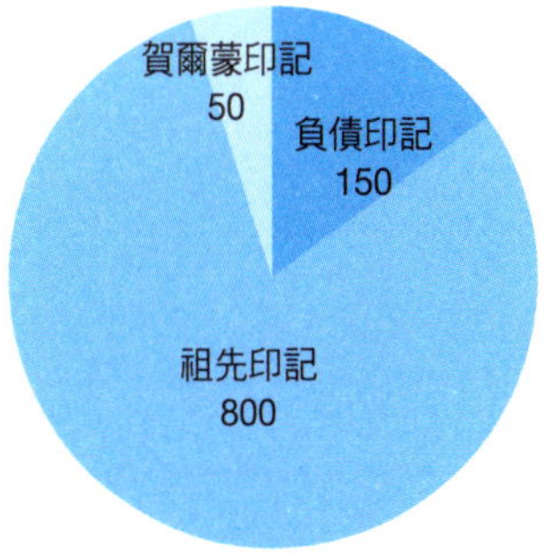


三大印記組成比例（%）—身體問題

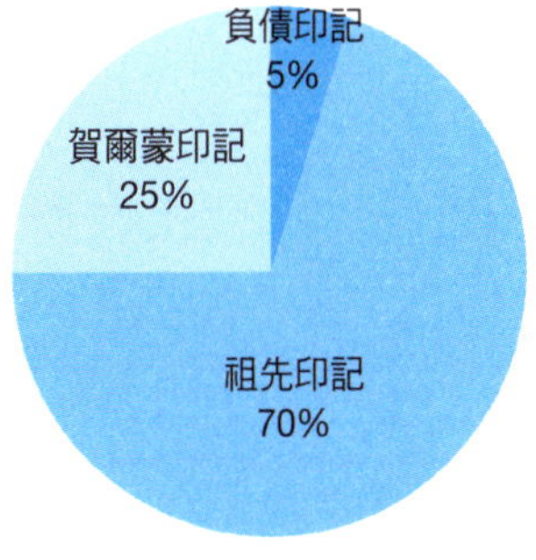

只需要持續的清理三大印記，就能真正的解決問題。

## ◆清理三大印記，回到財富印記高波動狀態

萬物都起始於最初的高波動，那是一種絕對存在的狀態。科學家們努力地利用科學的方法，試圖找到那種狀態，可是這樣做只是徒勞無功；因為當你用心智的思考與經驗，或是你有意圖或是想法時，就遠離了最初的狀態。其實最初的狀態永遠存在，只是我們被三大印記所遮蔽。

人的欲望與願望，有時候也是來自腦袋，而非神性，因此，有些人想成為歌手或是電影明星，這些想法多來自於腦袋的思考，並不是最初狀態的神性靈感。當你持續清理三大印記，回到最初的狀態，世界就會開始繞著你轉動，你會發現，很多事情本來就是會發生，所有你認為完美的事物，當然也是存在於最初的狀態。

神性的智慧所給你的神性靈感，會指引你去成就你靈魂最大的渴望，祂會安排任何人事物，把你帶到你本該去的地方。你的心智常常試圖控制你，譬如說你會有想要吃什麼、想要去哪裡的想法，或者想去追求某人等，這些都是微不足道的氛圍；只有清理三大印記，回到最初狀態，你才能得到巨大的收穫。

回到最初的狀態，我們不再有欲望，你會清楚了解，你與萬物本是一體。當然你也不會再煩惱未來，因為思考未來，只是心智的把戲，你只會活在當下，此時你會感覺時間消失，發現時間的假象。

當我們回到最初的狀態，周遭的任何人、物品、植物、動物等，也會因為你的清理，回到最初的狀態，你周圍的一切都會成為完美的存在，因為只有神性的智慧，祂才知道你靈魂的最佳劇本，也就是最適合你的任何一切。

## 宇宙萬物都具有某種形式的意識

要擺脫人生的問題、恢復自由意識、創造自己的財富，或是被困在重複的劇本中，完全取決於自己的選擇。

當你選擇清理三大印記的同時，你開始新的人生，周遭的人事物會接著改變，你變成一塊正面的磁鐵，專門吸引好的事物，排斥所有負面的能量。你會漸漸討人喜歡，因為靈魂都喜歡正面的能量；更重要的是，不只是人類，你會被萬物所喜愛，所有的一切都愛著你。

房子、車子、桌子、椅子等，這些看似沒有生命跡象的東西，其實它們都具備某種形式的意識，因為它們也是由能量振動所組成。所以如果你用愛對待它們，它們必然會有感應，也會用愛的方式回饋於你。

譬如說，你常感恩你的車子，每次駕馭它時，都心存萬分的感恩，那當你在開它時，就會感覺特別順暢，心情也會特別愉快，因為這是你與它正面能量共振的結果。很有趣的一點：根據科學研究，受到感恩的車子，平均壽命比一般車子高出了許多。

除了感恩能提高物品的振動外，當我們執行清理印記工作時，也會帶動周遭物品的振動提升，我們在使用它們時，會變得更得心應手。持續清理三大印記一段時間以後，身體的振動會大幅提高，我們甚至能改變食物的振動，也就是將低（能量）頻率的食物，轉化成高（能量）頻率的食物，讓你食入肚中時，能夠快速地補充身體的能量，並且維持在高頻率的狀態。

## ◆你只能改變自己，無法改變別人

意識的思考永無止境，它會不停的控制著你，讓你無法脫離它的魔掌；一般人會進入一種執著的狀態，對於任何事物都過分執著，讓自己完全困在意識的世界中。

加拿大與美國商業集團曾邀請我進行一場分享會，地點在加拿大的安大略，在場的人全都是北美企業的董事或是經理。我在演講前，都習慣清理三大印記，這樣在演講時，就會有無限的靈感。我常忘記自己在演講中說了些什麼，因為這些靈感不會經過我的腦袋，無法變成記憶儲存。這次演講前，我在後台清理三大印記，神性的靈感告訴我，在我回答問題時，提問者將會有身體的疼痛浮出，這讓我有點意想不到。

清理三大印記時，如果腦袋思考著某些事，對這些事情都會有期待與意圖，在這種狀態下，會影響清理的速度；因此，在進行清理時，我不會思考任何問題，我只是持續地清理，回到財富印記最高波動的狀態，去執行造物主的創造。

加拿大清理三大印記的分享會，現場來了許多的董事與經理。一小時的演講過程非常的順利，但是我心裡非常清楚，最後的問答會激起董事們的祖先印記，導致他們身體的不適。

如我所料，在我演講結束後的問答時間，我突然看見許多祖先的靈體出現在會場。一名聽眾舉起手來，我內心十分清楚，如果我回答他的問題，他身上的祖先印記會立即被共振出來，會導致身體出現不適的反應。他的祖先長久以來一直在等待被清理的機會，但這會使他的肉體承受負面波動引起的疼痛。這名聽眾的問題果然與他的家族有關，是有關他家族企業內部營運的問題。

在那一刻，造物主給我的答案是：「你家族企業的營運之所以出狀況，最大問題根源來自於你們家族的祖先印記，與其他公司內部的因素關係不大。」

當我回答完他的問題後，我清楚知道，這樣的回答會激起分享會中許多董事與經理的反感，也會引起這名聽眾身體的好轉反應，但是在造物主的靈感下，我願意臣服於靈感言語與行動。

在清理三大印記的同時，會浮現出各種身體與意識的二元性，即使如此，我們也應該持續地清理，依著造物主的靈感言語與行動，這是我提到這場演講，想要表達的重點。

總而言之，董事與經理要解決公司的問題，就必須回到清理自己開始，沒有人能夠改變他們。唯有自己持續地清理三大印記，放下不必要的執著與懷疑，才有可能改變公司的經營狀況。

# 印記醫學

印記醫學，幫助人類憶起造物主依祂的樣子創造人類。

——金．卡洛斯

## 印記醫學，身心靈三合一的整體治療

人是一個包含身、心、靈三方面的個體，這種三合一，是從神性的三位一體中衍生出來的，也反映數世紀以來，人類知識進化的三大領域：醫學、心理學與神學。這三種意識形態，不斷各奔東西，時常產生衝突，這些衝突的產生，起因於人們對於神性的不了解。「印記醫學」整合這三種科學，建立一套全新的意識形態。

印記醫學是一種身心靈三合一的整合醫學，以清理三大印記為主軸，結合醫學、心理學、神學等方式，建立一套全新的治療體系。不同於一般醫學針對身體層面的治療模式，而是針對身體、心智與靈魂的治療，同步的提升，改變身體的狀態、促進心智的覺醒以及提升靈魂的意識。

印記醫學不僅是一種醫學，而是一種人類解決人生問題的方法，幫助每個人的靈魂完成屬於他自己的人生課題，成就靈魂最高的體驗，創造自己最耀眼與輝煌的人生。

## 清理三大印記，成就健康的身體的同時，也創造財富

我有許多案例，他們尋求我幫助時，主要的問題是身體的問題。在持續清理三大印記一段時間後，不但身體的狀況好轉，也同時創造了財富，讓他們覺得不可思議。

其實這一切的運作皆來自於每個人偉大的靈魂與造物主，因為所有問題的根源都是三大印記。清理三大印記，回到最初的狀態時，你本來就是完美的存在，有健康的身體、無限的愛以及富裕的物質生活，這些也都是你靈魂最大的渴望。

持續地清理三大印記，所有原本阻礙你完成人生課題的問題，都會一一的消失，換來幫助你完成人生課題的助力，可能是個靈感、人物、事件等；你將剪除過去的舊人生，開創全新的格局，發揮全然天賦，每分每秒以「你真正是誰」活著，演出你最輝煌與宏偉的人生劇本。

## 健康聖者的訊息

第一次與健康聖者接訊，是位於瑞士的少女峰（Jungfrau），接訊的目的是為了學習健康的真理與智慧。我站在山峰的一塊空地，四周已被積雪覆蓋，溫度雖然在零下，但是不會感到寒冷，反而感受到溫暖；我的身體處於平靜的高波動狀態，帶領我與上面的世界連接。這次我看見一團白色光體，接近祂時，我感受舒服多了，白色的光體莊嚴與嚴肅地迎接我，開始與我分享祂的智慧：

「我是健康聖者，是一種高等靈魂，我將協助你療癒眾人的疾病，療癒疾病的同時，要將這些健康的智慧傳遞與分享出去，幫助更多的人。」

第一次與健康聖者接訊，祂除了幫助我治療疾病外，最大的重點是要我知道印記的發生，讓我看清楚，原來自己的身體也是假象。健康聖者的訊息提到：

「身體只是虛假的形象，和其他外在事物一樣，都不是永恆的，最終都會消失，留下的只有靈魂的印記烙印。因此不要太執著於自己的身體。」

外在的世界，其實是我們感官創造出的假象。所有實體的事物，都看似扎實堅固，包含我們的身體，實際上，都是虛假的存在。我們的身體被設計成能量的存在體，我們自認為自己只是個血肉之軀，事實上，我們只是受到三大印記影響，忘記我們原來不只身體。

我們利用身體飲食、運動、感知以及體驗這世界的種種，受到三大印記影響；在看似有意義的生活中，其實這些都不是真實的你的一部分，因此大部分人都過著無意識地、無意義的生活。如果持續地清理三大印記，將會看清楚身體是假象的事實，且不依附與執著於這具身體。健康聖者的訊息提到：

「把注意力從身體的外在形象，像是美醜、胖瘦、健壯或是衰弱等，轉移至身體的內在生命力，也就是財富印記本然的高波動狀態，是擺脫重複劇本的關鍵。」

我們大部分的人認為，要維持健康的身體，是由於某些重大的決定與改變；但是實際上，真正維持高振動頻率的人們，都是透過長期微小能量累積的結果。財富聖者的一段訊息提到：

「你可能認為身體健康的改變，是由於任何重大的決定與改變，實際上，真正影響未來身體健康改變的關鍵因素，是由微小改變的能量振動不停累積而成。」

當我們漸漸跳脫重複劇本，跳脫對於自己身體的依附與執著，你會開始發現身體真正的奧祕，並且發揮它真正的功能。每個人擁有的身體都是最大的寶藏，因此我們必須非常珍惜。健康聖者的訊息提到：

「身體是個無價珍寶，它是體驗真正自己的重要工具，但是大部分的人對自己身體富含的價值一無所知。外在世界中，身體是你們擁有最寶貴的東西。」

當我們漸漸開啟身體隱藏的功能時，其實也就是漸漸開啟我們大腦的利用。一般人的大腦使用率僅在五％至十％之間，持續地刪除三大印記，我們將把大腦的利用率提高至三十％以上，此時你才真正開始發揮身體的真正作用，而不是無意識的活著。健康聖者的訊息提到：

「持續地清理三大印記，神經系統會再度進化，進入更高層次的意識，許多長期處於冬眠狀態的腦細胞將被活化，會開始將身體的奧祕發揮到極致，而不是只是利用冰山的一角，發揮一小部分的功能。」

我們的身體絕對比我們想像中的還要複雜，它是我們存活在物質世界中的重要工具，如果能夠善用工具，妥善的照顧它，其功能就可發揮到極致。它真正發揮的功用，遠遠超過你的想像，因此必須珍惜我們所擁有的身體，千萬不要糟蹋與放棄它。

# 創造財富與健康的案例

## Case 1 地中海型貧血的少女

許多先天性的疾病，都與三大印記的累積有非常大的關係，尤其是祖先印記的累積最多。吉納莉安（Juliana）是一位患有先天性地中海型貧血的孩子，常常因為血液中的含氧量不足而休克、暈倒，一個星期要輸血三次，才能維持她奄奄一息的生命，許多醫生都判定她活不過十二歲。也因為如此，吉納莉安從小就沒有什麼朋友，幾乎也沒上過什麼課，對她而言，醫院像是她第二個家，她的個性也因此變得孤僻而怕生。

當她的父親帶她來找我時，我能感受到她的恐懼不安，知道她無法適應新的環境。我檢視了吉納莉安的三大印記，她全身的血液與脊椎能量因為印記負面的波動影響，她的賀爾蒙印記也因為長期的貧血受到了損傷，這也是今世她情緒不穩定、孤僻的原因。

我開始試著與她的意識交談，卻始終無法得到回應。她躲在父親的身後，兩隻眼睛直瞪著，深怕受到一絲傷害。

在治療過程中，我陸續看到她的祖先一一出現，要我轉達吉納莉安的身體狀況。當我轉達了吉納莉安的祖先訊息後，她的父親有點震驚，於是我透過波動值的檢測，讓她的父親了解吉納莉安的身體狀況。

我先幫助吉納莉安清理她緊張的情緒，讓她放鬆，並讓她喝一杯清理印記水。沒多久，我看到原本緊張的吉納莉安，臉色與表情都舒緩了許多。於是我閉上眼睛，開始利用專屬清除印記碼的方式，清理有關她靈魂所傳遞給我的訊息。我感受到造物主的高能量場正在接引著我，我在心中不斷重複清理，大約十分鐘左右，我感受到吉納莉安的能量比較穩定。

此時，吉納莉安真正放鬆了下來，坐在她父親的腿上，對著我微笑，她的靈魂知道我是來幫助她的。

「吉納莉安，孩子，我可以幫助妳嗎？」她點了點頭，我能聽見她的靈魂正在尋求幫助。

我開始讀取吉納莉安的靈魂訊息。我看到極其慘忍的畫面，我無法在現場將我看到的事實告訴這位小女孩，我了解這會讓她產生恐懼，因此我請教造物主，我該如何幫助這位孩子。

「她前幾世錯誤的決定，傷害了許多的靈魂，這造成了強大負面祖先印記，這是造成她這一世擁有先天性貧血的原因。她的靈魂選擇了此方式，去平衡這些業力負債，並選擇承受身體的虛弱與痛苦。清理印記可以幫助她清理那些負面的印記，讓她重新回歸新的狀態。」

吉納莉安需要長期與貧血奮戰，因此我特別將專屬清理印記碼以及自然醫藥的運用方式告訴他的父親，真正的關鍵是，必須持續長期有耐心的清理，她的孩子才會痊癒；並要求她的父親定期回報，必須配合印記圖騰做磁場的改變。

吉納莉安完全清理印記近一年的時間，逐漸改善她的貧血。過程中，從一個星期輸血三次，至後來一個月輸血一次，最後甚至特殊狀況時才需要進行輸血治療。她現在已經活過十三歲了，是個健康、活潑的少女，醫生都說這是奇蹟，他們當初判定吉納莉安活不過十二歲。

有些特殊的案例需要花很長的時間持續的清理，有些甚至要花上一生的時間來償還那些未平衡的印記課題，甚至有的是這一生無法清理完的印記負債，因此要非常感謝那些給予我們面對、清理的機會。無論這是一個疾病、痛楚事件或是意外，都是帶給我們轉化生命的契機，只要持續不放棄的清理三大印記，它所帶來的奇蹟，將會超乎意識的想像。

## Case 2 誤認為身障的繪畫天才

肖恩（Sean）是我「低收入戶諮商計畫」中的一個案例，我每年都會幫助一些低收入戶，進行免費的諮詢，他就是其中之一。當時，他與母親一同前來，那時他只有六歲，從外表就能清楚看出，是個特殊的孩子。

肖恩的母親告訴我，他不是正常的小孩，被醫生診斷出有弱智與注意力缺陷過動症（Attention deficit hyperactivity disorder，ADHD）。在學校裡完全無法認真學習，也無法與一般學生相處，常被欺負；加上家裡的經濟不好，也不能提供給他另外的輔導與幫助，使他漸漸跟不上別的小朋友學習。母親為此非常擔心他的未來，才找上了我。

「金博士，我兒子是個天生的身障者，他的病能夠治好嗎？我們究竟要如何幫助他呢？」

「肖恩的母親，妳不用擔心，在妳抵達之前，我已經先為他的印記進行清理，等等我會先與肖恩的靈魂溝通，了解祂的狀況。」

「好的，那就麻煩您了。」

「肖恩的靈魂告訴我，他不喜歡去學校。他認為那些學校的課程，對他這輩子完成人生課題毫無幫助，這也是他在學校會感覺跟不上其他小朋友的原因。所以應該說，這是他的靈魂為了脫離那種環境，去完成人生更大使命所進行的設定。」

「原來如此，但是如果沒有學校的教育，他將來要如何在社會生存？」

「肖恩的靈魂告訴我，他只要開啟自己的天賦，就能在社會中生存，並且得到不錯的成就。」

「真是這樣嗎？那他的天賦是什麼呢？」

「肖恩的靈魂告訴我，這是祂與妳們（父母）靈魂的共同約定，必須透過父母親的轉化後，最後他的天賦自然而然就會開啟，這是肖恩靈魂特別成就你們的安排。」她一聽完即抱著兒子開始掉淚。

「肖恩的母親，妳不用擔心，造物主要我告訴妳，持續地清理你們的印記，就會找到開啟他天賦的方法……」

「我們全家要如何清理印記呢？」

「很簡單，造物主要我告訴妳，只要全家每天早上與晚上進行清理，並在肖恩的房間放置一幅印記圖騰，持續的清理，會在八歲以前開啟他的天賦。」

「真的這麼簡單嗎？真不敢相信。」

「清理印記的方法很簡單，但是難得的地方就是不停持續的清理，且持續的相信。很多人都無法持之以恆，最終自然得不到結果。」

「博士，感謝您，我們一定會持續清理負面印記。」

大約過了半年後，我收到肖恩母親寄來的電子郵件，下面是信件的部分內容：

Dear 金博士

有一段時間沒見面了，我感謝您，真正改變我們家所有人的人生劇本。

我們依照博士的指示，每天都持續利用專屬清理印記碼，也讓我們的孩子肖恩以及他弟弟與妹妹，以遊戲的方式跟著我們一起清理。就這樣持續將近一個月左右，有趣的事情發生了。

那天我帶著肖恩去鎮上的超級市場購買日常用品，在我經過文具區時，腦中突然閃過一個畫面——我真的看見一個畫面，是肖恩在繪畫著一幅宇宙圖。當下我就決定要買下一整盒畫筆以及圖畫紙，讓肖恩嘗試畫畫，即使要犧牲我們的一些日常用品。

當晚，我們將畫筆與圖畫紙拿給肖恩，並以遊戲的方式，讓他自己畫些東西出來。接著不可思議的事情發生了！肖恩非常專注地在畫畫上，這是我從來沒見過的他，似乎換了一個人。持續了將近一小時，一張美麗的作品完成了，我和丈夫都不敢相信！完全沒有學過畫畫的肖恩，竟然能夠完成這樣的作品！

就這樣，我們每天讓肖恩畫一小時的畫，完成一件作品。有一天，平常很少用電腦的我，突然靈機一動，將他的作品放在網路上與大家分享。就在短短的一天中，他的畫很快地被傳開，大家都被他的畫所感動，最後甚至有人想要出錢買下他的畫……

肖恩的畫，不僅改變他的人生，也改變了我們的人生，我與丈夫目前都全力支持肖恩發展繪畫的天賦，提供給他更好的環境與器具。有時候我們還在想，這些環境與器具，其實都是他自己靠天賦賺來的，這讓我想起當初博士的一句話：「他只要開啟自己的天賦，就能在社會中生存，並且得到不錯的成就。」現在真的應驗了。

當然，我們家是絕對不會忘記，要持續地清理三大印記，因為我開始相信，持續地清理，會讓我看到更多的奇蹟。

肖恩的母親

Case 3

## 公司隨著身體衰弱的企業家

查爾斯（Charles）是個企業家，畢業於麻省理工學院，得到核工程、化學工程雙碩士學位，二十五歲即接下父親經營的一家中型服飾企業，並致力於讓家族企業蓬勃發展。

查爾斯是個良好的管理者，公司在他的經營下，營業額在幾年內就增加了數倍，這也讓他成為一時的風雲人物，也出過好幾本有關管理學的著作，教導許多企業管理的重要。

在他正在高峰的時候，公司位於歐洲的業務突然出現很大的問題，短時間內，公司的銷售額持續地下降，最終達到入不敷出的地步，瀕臨倒閉；更不幸的是，長期的工作壓力，使得他罹患了心臟病，讓他心有餘而力不足，看著自己的公司隨著自己的身體一天一天地倒下。

「金博士，我目前有好多問題，公司的營運每況愈下，我的身體也越來越差，我到底是哪裡走錯了？難道是我的管理方式有問題？」

在他一面詢問的同時，我即開始與他的靈魂進行溝通，並向他的靈魂詢問真正的主因。

「你的靈魂回覆：你的管理方式沒有問題，你累世都是從事管理與經營的職業，這對你來說是一種天賦的展現，真正問題其實出在你累世的負債印記與祖先印記。」

「負債印記與祖先印記？」

「在你來找我的前幾周，我已開始清理許多來自你靈魂的印記訊息。祂讓我看見你的前世，也是個企業家，但是你那一世為了擁有更多錢財與權勢，包括毒品的買賣、軍火的走私貿易……等。當時你做了錯誤的決定，最後傷害不少無辜的人，這些行為不斷記錄在你的靈魂中，累積許多負債印記與祖先印記。這些負債印記與祖先印記的作用，不僅會讓你留不住財富，也會受到疾病纏身，這是為什麼公司出現危機，以及你罹患心臟病的根本原因。」

「我該怎麼辦呢？我這一生還能夠翻身嗎？」

「可以的，你的反覆印記劇本還未完全進入永恆物質世界運作。你可以前往法國的能量之門一趟，因為你累世財富能量波動還遺留在法國，你在那一世裡開啟了許多年輕人的天賦，幫助他們賺進生活上的財富。」

「我的身體狀況，是不是也與祖先印記的影響有關呢？」

「是的，你可以前往法國能量之門後，進行身體的排毒，會比你在其他國家改變的速度更快。」

查爾斯為了清理身體的印記，他騰出時間來，去法國做一趟深度旅遊。他說，在一輛列車上，他遇見了一位年輕的紐約人，他們聊了很久，最後他才知道，這位年輕人是一名才華洋溢的服裝設計師。他看了他的作品，非常的喜愛，因此留下聯絡方式給那位年輕人，打算日後聘請他成為他服飾店的設計師之一。後來，他花了整整兩年的時間清理，才讓自己的公司以及身體恢復到一定水準。

有一天，我收到他的來信，他告訴我，他因為一場商業的合作案，去了一趟在紐約的設計發表會，又再度遇到了當時在法國認識的服裝設計師！他立刻知道，這是造物主的安排，於是與他簽約。果然，他設計的服飾作品一推出後，立刻大賣，讓他公司的營業額倍增。

現在他依舊持續地清理，每年他都會與我見面，討論清理三大印記的細節。他改變了公司的分紅與福利制度，將所賺來的金錢回饋給員工，也拿一部分做為慈善的用途，幫助許多在監獄的受刑人重新步入人生正軌。

Case 4

## 轉換人生的律師

薩皮羅（Shapiro）畢業於哈佛大學法學院研究所，專攻石油化學相關的國際律法，在學校表現出色的他，一畢業就得到美國石油公司的錄用。他非常興奮且充滿抱負，想要在這家公司有所作為，並且每天向上天祈禱，能夠盡早讓他創造財富，並且成家立業。

看似一帆風順的薩皮羅，怎麼想也想不到，工作一年後，美國遇到金融危機，導致國內石油市場嚴重萎縮，公司進行區域性的裁員；由於薩皮羅是新進的員工，自然首當其衝成為金融危機下的犧牲者。從那時候起，薩皮羅便遊走於各家律師事務所，靠著兼職的律師工作維生，生活非常不穩定，當初的熱情與抱負，也在短時間內被澆滅。但是，他還是每天向上天祈禱，希望有一天能夠創造財富，並且穩定的生活，不想再為了金錢而奔波。

與薩皮羅的相遇，是我在休士頓的一場私人分享會中。記得那次演講的對象多以醫師和律師為主，整個分享會的過程非常的順利。當分享會結束後，薩皮羅突然站起來，飛奔到演講台前來找我，我被這個年輕人的舉動嚇了一跳，也對他印象深刻。

「金博士，這些訊息讓我非常感動……」他興奮地說，「這是我的名片，我的專長是有關石化相關產業的訴訟，對於清理印記的方式，非常有興趣，不知道有沒有機會，可以諮詢我個人的印記問題。」

看著他熱切的眼神，我告訴他要他先將問題寫給我，我先進行一部分的清理。

收到他的來信後，我便接到來自他靈魂的訊息。與他諮商時，必須與他在洛杉磯見面，對他的未來會有很大的幫助。下個月與薩皮羅見面時，我特別飛了一趟洛杉磯，出發前我接到來自他祖先靈魂的訊息，要我提醒他，他此生的財富問題與家族累世的祖先印記有關。

當天抵達飯店後，我已看見他站在大廳門口等我。

「薩皮羅，好久不見。你看起來似乎有點緊張。」

事實上許多與我第一次見面的個案，都顯得特別的緊張。然而我並不在意，因為我知道他的靈魂等這一刻很久了。

「放輕鬆，薩皮羅，一切都會非常順利的。」

在諮商的過程中，我發現薩皮羅雖然問了許多問題，但並未切中他靈魂真正渴望的答案。事實上，在我諮商的眾多個案中，往往個案提出的問題與個案靈魂本身的渴望時常背道而馳，因為我們的意識（腦袋）時常與我們靈魂的視角大不相同。

於是我直接引導薩皮羅進入他內在的核心問題。

「薩皮羅，你的靈魂告訴我，你很渴望解決家族的財富問題。」

薩皮羅非常驚訝的看著我，因為在他剛剛的對談中，他不斷詢問如何增加財富，並解決上司與同事的態度問題，絲毫沒有提到一絲關於家族的關係。

「博士，事實上，我的家人最近出現許多財務的狀況，導致現在負債累累，因此我渴望有一個穩定的工作崗位。但事與願違，我的工作非常不穩定，沒有隸屬於任何一家律師事務所，時常在不同的地方工作，這讓我感到非常的疲累，因此我很想要快速的賺進一大把金錢，讓我的家人不用為了金錢奔波。」

「你的靈魂要我告訴你，你家裡的狀況與你累世的祖先印記有關。累世你們家族擁有憎恨祖先的印記，這印記到你身上至今尚未得到解決，導致你誤用家族的財富能量，因此你的家裡才會頻頻出狀況。」

「祖先印記？」他遲疑的說。

「是的，這其實與你父系的祖先有關，這些印記在你們家族身上非常久了，導致好幾世，你們的家人都是過著如此奔波的人生。」

我看到薩皮羅身上的印記，已經從原本單單影響財富的狀況，蔓延至他身體的狀況。

「你是否開始有失眠狀況？」我詢問薩皮羅。

「沒錯，我最近常失眠，我一直以為是壓力過大的關係，還去醫院開了安眠藥。」

「失眠其實也是受到這些憎恨印記的影響。」

「我要如何改變我目前的狀況呢？」

我開始詢問造物主，該如何幫助薩皮羅解決他目前財富上的困頓。

「他今世一直重複奔波的人生，起因於他身上累積過多的祖先印記，要幫助他解決失眠的問題，必須讓他先從身體層面上來清理。除此之外，他可以前往一趟夏威夷的能量之門，他的靈魂曾在那得到了靈性的開啟，這會幫助他祖先印記清理。」

我將造物主的訊息傳遞給薩皮羅。薩皮羅臨走前，頻頻向我道謝。我知道，他擁有非常強大的信念去執行與清理，而我也確信，他的人生將會得到巨大的轉變與改善。

與薩皮羅諮商完後，大約過了兩個月，就收到他的回信，以下是他的信件部分的內容：

Dear 金博士您好

許久不見。不用猜也知道，您一定還是非常忙碌，但是在您百忙之中，我還是要向您分享這個天大的好消息，就是：我找到新的工作了，而且薪水比我前一個還要理想；更離譜的是，整個過程就像是上天的安排。

起初，我開始運用清除印記碼與水清理法時，前一周並沒有特別的感覺，直到第二周，我的身體有了明顯的轉變，我第一次不用安眠藥入睡了。天阿！那感覺真是棒呆了，我的身體終於得到完全的休息，因此我更加確信它們所帶給我的轉變，於是我持續地依照你所教我的方式，清理我的印記。

有一天，我在兼職的律師事務所下班之後，本想回家休息，但是當下突然冒出一個想法，要我今天一定要去看一場NBA休士頓火箭隊的球賽，我毫無猶豫地順著感覺來到了球場。一位座在我旁邊的觀眾，與我談得非常的融洽，我們都很享受在這場比賽中。

突然又一個念頭，要我問他的職業，於是在聊天的過程中，我順勢問了他的職業，結果聽了以後，嚇了一跳，他的職業竟然是一個投資客，而且對於投資石油產業非常有興趣。我當下立即把我的專業告訴他，便開始與他討論有關石油產業的問題，一直到比賽結束，我們還是聊得不亦樂乎，甚至又在附近找了一家酒吧持續地聊。最後的結果可想而知，他決定雇用我擔任新投資方案的專任律師，負責新投資方案的所有一切法律相關問題，我當下真的非常興奮！

我在新公司的工作非常順利，公司的常務董事，也就是與我一起看球的哥們，對我非常器重，我又重新看到人生的希望了！博士，感謝您，這不僅僅改變了我的人生，也改變了我的內心。

薩皮羅　於休士頓

Case 5

## 痛苦的家族企業家

馬克（Mark）是一家廣告行銷公司的董事長，是家族型的企業。因為父親身體的問題，他四十歲便開始擔任公司的重要幹部，帶領公司闖過許多關卡，也替他們家族企業創造不少財富與榮耀。

然而，看似光鮮亮麗的家族企業，其實私底下背負著一般人無法體會的許多束縛與龐大壓力。馬克也是其中的一員，長期處於競爭與比較的壓力之下，心理壓抑了許多負面訊息，這無形中助長印記的累積，最後所有問題一次性的爆發，壓垮了馬克的身體與他的心靈。

他得了嚴重的糖尿病，需要長期的治療，疾病所伴隨的併發症，讓他無法正常走路，必須用輪椅代步。然而在他生病的期間，家族間的內鬥並沒有因此停歇，甚至更加惡化，許多人不斷想要奪取他的地位與權力，並利用公司不停下滑的業績，強迫他退出。

讓他更絕望的是，過去曾與她共患難的妻子，在這個緊要的時刻，與他提出離婚；她甚至直接向他坦承在外面有新的對象，讓他連挽留的機會都沒有。種種的問題，讓他非常煎熬，痛苦至極。

馬克一開始只是聽了我曾在舊金山的一場私人分享會後，自己即開始持續的清理個人的三大印記。過了一個月，奇蹟就發生了，公司的業績持續的上升，這讓他升上了董事長的位子，不再受到威脅。此事的發生讓他感到不可思議，畢竟他沒有去試圖改變任何外在的情況，但為了想進一步了解自己的清理情況，他才透過信件的方式與我第一次的見面。

「金博士，自從我開始每天不間斷地清理印記，公司的業績就奇蹟似的上升了，這會不會是巧合？」

「馬克，世界上沒有巧合，包括你今天與我的見面，也都是安排好的。」

「安排好的？」

「是的。事實上，早在你來找我諮商的前幾個星期，我已經收到來自你靈魂的訊息，你的靈魂早替你安排好，而且非常渴望得到答案。」

「博士，我想知道，雖然我的事業已經度過了難關，但我的身體依然不見起色，我的婚姻問題依舊存在。」

「我了解，因為從你靈魂訊息當中，我看到你今世遭遇的這些課題，來自你祖先印記的重複播放，這與你家族的課題有關。」

其實，在馬克一進來我諮商室的時候，我便看到他身後站著兩位他好幾世前的祖先，他的祖先要我傳達，他現在發生的問題都與家族的反覆模式有關。

「家族的反覆模式？」

「是的。你不需要了解這些模式的運作，你需要針對你過世家人的印記進行清理，當你在進行清理時，你累世的祖先與過世親人也會同步得到解脫。事實上，如果你現在沒辦法清理你所居住的房子，我建議你可以搬出你現在所居住的房子，那裡存有太多你家族祖先的印記，會共振你身體的負面能量；你的身體若在那個房子裡，不會得到改善。」

「房子？」

「房子也是有生命的，因為長期累積祖先的印記在這間房子裡，這些大量的印記模式會讓你的身體每況愈下。」

「那我的妻子呢？我該如何挽回我的婚姻？」

「你的婚姻問題，造物主告訴我，你必須先前往阿拉斯加州的能量之門，抵達後，你會開始改變身體賀爾蒙的印記。」

我們在討論一些清理的技巧後，在即將結束諮商前，我突然收到造物主給我的訊息，我必須給他一份專屬的自然醫藥，幫助他前往能量之門前，減輕他身體的負擔。

馬克不久後，便去了阿拉斯加州。他在信中與我分享，他在旅程中，遇見了一位女性，他發現這位女性也是因為家族的問題來到此地，她人生的遭遇幾乎和他非常相似；但是他發現，這位女性比他花了更久的時間解決這些問題，最後才來到此地，因此他非常感恩，能夠在人生更早之前，就透過我的諮商，得到許多生命中的解答。

最後他選擇與妻子離婚，但這次讓他更看清楚了愛的深刻含意。他將他企業中大部分的財富，運用在分享愛的理念上，他知道自己這一世必須為世界做點什麼。

馬克後來搬離了他之前所居住的地方，依舊持續清理大約一年後，身體的狀況獲得了改善。現在，即使公司的狀況讓他必須身處於的巨大的壓力之下，馬克也開始學會自我調適，他將壓力化成一股強大的力量，即便面對公司當前的財務危機，也能從容處理。

後來，他寫信徵求我的同意，把清理印記的方法，帶入公司管理階層的幹部訓練課程中，確實得到不錯的效果。他說，這不僅幫助公司進一步的成長，也幫助了許多員工度過人生上的困境。

# Ch 5 關係與賀爾蒙印記

我想揭示大自然的祕密用來造福人類。

——愛迪生

賀爾蒙印記的誕生，是造物主提醒我們，憶起亞當跟夏娃的約定。

——金．卡洛斯

愛情，從古至今，困擾著許多戀愛中的男女。然而在這浪漫面紗的背後，其實隱藏了一個大部分人都不曉得的關係賀爾蒙印記，它無時無刻影響著你們的感情經驗、情緒問題；倘若沒發現它，受到賀爾蒙印記的影響，你們會無意識地選擇一個讓你們在感情經驗中非常痛苦的關係。

雖然這其中存在著深刻的教訓與印記平衡的問題，但值得注意的是，一段戀愛的關係，通常是靈魂欲使你進入某一特殊關係的最佳陷阱。因為賀爾蒙印記記錄某個靈魂特殊的課題，因此一旦再次遇到此靈魂，便容易引發強烈的愛情吸引力，讓你們進入這段關係之中，以延續或重複未完成的課題。

倘若你們沒有覺察並清理賀爾蒙印記，事實上，你們的人生只是在重複印記劇本中，扮演相同亦或對立的角色。

## 賀爾蒙印記與身體能量波動

賀爾蒙印記，是一種潛藏在我們身體細胞內，靈魂累世所記錄的重複能量，這種能量會在無形中影響我們的賀爾蒙分泌，進而影響我們的感情與思緒。它就像是生命歷程中的愛情記錄器，把你好幾世的感情經驗與過程記錄在細胞中，藉此，靈魂可以在好幾世體驗這重複的能量模式，無形中影響著我們的身體健康，甚至影響我們選擇的對象。

舉例來說，如果一個人上輩子在感情中拋棄了另一半，那麼這個過程會記錄在賀爾蒙印記中，下一世靈魂會讓他體驗到被另一半拋棄的經驗。這是宇宙不變的定律，也是維持能量平衡的法則。

因為靈魂堅持要我們成為完整的自己，不斷在我們的關係中記錄、並放置印記功課，要我們超越它、完成它，以便開始經驗自己為靈性的存在。而這些賀爾蒙印記使我們無形中束縛於心智所關心的事物，導致我們與真正的靈性本質——與神性分離。越面對這些賀爾蒙印記，它就越無法控制我們，我們必須不斷清理、淨化這些印記，就像蛇不斷蛻皮，直至所有印記訊息剝落，自己最精華的靈性本質顯現。

身體能量波動，和我們身體、心理、靈性的振動頻率有關。當我們身體能量波動高時，賀爾蒙印記的影響就不易顯露；倘若我們無法將波動維持在一定的頻率（身體累積過多負能量、心智過多負面想法……等），導致波動降低，那這時賀爾蒙印記的影響就會越來越嚴重。

賀爾蒙印記的影響很廣泛，小至從選擇伴侶，人們會無意識中選擇個性、長相甚至條件背景相似的人；大至產生身體疾病，許多疾病的產生，尤其是婦科的疾病，其實都深受賀爾蒙印記影響。

## 男女賀爾蒙集體印記

我們的靈魂都曾轉世為男或女。現在來到這個地球轉變的時刻，無論你今世是男是女，都累積了許多傷痛，這些傷痛的累積形成許多負面的印記，造成現今許多男女能量的不平衡，而它們之間彼此的消長與平衡，會影響著我們身體的波動與健康。

## 女性賀爾蒙印記

在過去地球的歷史中，女性賀爾蒙印記記錄了許多來自女性集體記憶的深層壓抑與傷痛。女人在過去若干世紀被剝奪權利，即使至現今，地球上許多區域依然上演著相同的戲碼；而女性賀爾蒙那自然、具包容性、靈性的能量，即使現今有許多女權主義的捍衛提倡，依然飽受輕蔑與否定，這些人甚至可能來自於女性本身。

而在這之中，傷害女性靈魂最深的地方，是與「性」有關的課題，這已深深烙印在所有女性賀爾蒙印記中，其中包括許多關於不同層面的問題，像是：性的罪惡、性的壓抑、愛的匱乏與安全感需求。

強迫性行為與汙衊女性的負面訊息，造就了女性靈魂深層的負面賀爾蒙印記。因為「性」這個神聖的場域，原本應是充滿光、愛與無上喜悅，且承載所有靈魂轉世的場所，卻被強制的傷害，引發靈魂最大的恐懼，讓靈魂感到絕望、羞愧與恥辱。因此不論是今世或前幾世，所有的人在某種程度上都遭遇過類似的情形，這份傷痛累積烙印在女性的集體賀爾蒙印記之中，導致賀爾蒙印記的堵塞。

由於賀爾蒙印記堵塞，位於腹部的女性能量便遭受破壞，無法流通，讓你們與神性失去連結，情緒受到影響與波動，感到生氣、絕望、痛苦、歇斯底里，就此失去了自尊與信心。這種狀況時常出現在我諮商的女性身上，有許多還是事業有成，甚至在靈性上已有成長，卻依然無法逃離深層印記的影響。

我們的賀爾蒙印記原是一個感情的通道，藉由記錄，靈魂可以在此體驗、展現並證明自己。如果你的情緒感到煩悶、困擾，就表示靈魂能量無法在此暢通。唯有將情緒中心——女性賀爾蒙印記清理、轉化，你們才可以感到清晰、平靜與寧靜，你們的靈魂與身體能量才能平衡。

在此，唯有不停的清理賀爾蒙印記，才能意識自己深層的靈魂傷痛，坦然地面對傷口；用愛與勇氣擁抱這傷痛，將能轉化堵塞的能量之口，使神性智慧流通於身體。你將會感到無比平靜、喜悅與充滿能量，此時方能跳脫賀爾蒙印記的傷痛輪迴，為自己開創新的人生。

## ◆男性賀爾蒙印記

對男性而言，男性集體賀爾蒙印記多半呈現不擅表達情感、壓抑悲傷、同理心以及脆弱的印記。男性最大阻礙在於心與理性思維兩個層面，這兩個層面充斥著對於承服與坦承的恐懼，因此男性多半無法對女性敞開心胸，甚至對於女性的流動情感產生防備與攻擊性。有些男人甚至會習慣把愛情與性行為分開，這是受到集體男性賀爾蒙印記所影響，讓他們習慣封閉情感，以理性與行動去做決定，恐懼對女性敞開感情的心房，因為他們害怕再次受傷、被拋棄。

因為賀爾蒙印記的堵塞，讓男性對於性變相的渴求，因為在性的場域中，若無法用感情體驗，男性封閉的內在情感將無法讓愛與喜悅自然的流通，在得不到釋放的情況下，通常會對於性更加執著至產生偏執。

## 賀爾蒙印記與健康、財富的關係

很多人以為感情、財富、健康三者間是分開的，然而事實上這些全部都緊緊相扣。我們的身體能量波動像是無線網絡，只要一個地方出現問題，就會導致其他能量堵塞，衍生出其他方面的問題。舉例來說，一個人一直以來受到賀爾蒙印記影響，受限於拉扯的情感關係中，長期以來就會影響到健康或者財富能量的流通；因此，覺察導致自己狀況的本因，才是讓自己生命回復流通與正向的關鍵，一旦解決了本因，你原本擁有的財富之流將隨之而來。

曾經有一個個案，她不管做什麼，好像都與金錢波動背道而馳，雖然投資偶爾會賺錢，但是都如曇花一現，無法留住金錢；除此之外，她的身體狀況也頻頻出現問題，總是找不到原因。在我仔細審查她的身體能量波動後，發現這與她累世賀爾蒙印記有關。

這個印記波動大於她身體的波動，發生於她跟先生的關係上，讓她長期處於感情上的壓抑、恐懼，導致其他能量網絡的堵塞，就像被罩了一抹灰色面罩般，能量永遠無法釋放，最後導致負面能量累積至身體，造成疾病。

當她開始清理賀爾蒙印記後，她的人生有很大的轉變：之前身體的小毛病漸漸消失；每次當她回想與先生的關係時，一次比一次更清晰、平靜，最後她終於了解她與先生關係的盲點，也越來越明白她的靈魂想要透過這段關係體驗什麼；除此之外，她所投資的股票開始賺錢，一切都變得那麼順利與完美。

生命非常奇妙，你們時常囿於既定的框架中，認為自己所看到的世界就是真實，而奮力地活在虛構的象牙塔中。然而真理是：世界絕不只你想像中的大，而且所有的事情就如同扣環般彼此緊緊相連，不可分離。

## 賀爾蒙印記愛情三部曲

### ◆首部曲——業力愛情的美妙開場曲

靈魂是輝煌的大師，它運用賀爾蒙印記這段美妙的開場戲，掌控我們的關係，引導我們進入未完成的愛情修煉場，要求的是演化、合一與覺知。

相信許多人都有一見鍾情的經驗，這其實是因為賀爾蒙印記引發兩人身體能量波動的共振；這往往與你累世的感情課題有關，賀爾蒙印記導致你對於類似的人會產生共鳴，身體波動會相互共振，讓你無條件陷入情感的錯覺中。舉例來說，如果你上輩子愛上了一位個性沉穩、長相粗獷的男人，那在今世你會受賀爾蒙印記影響，也會愛上個性沉穩、長相粗獷的人。

在兩人身體波動共振的同時，會分泌專屬於對方的賀爾蒙，這賀爾蒙的產生，宛如一首優美輕快的曲子在身邊不停縈繞般，催促你們彼此接近，你們就會像磁鐵的兩極般吸引，最後墜入愛河。這段時間總是無話不談，導致彼此產生一種美好的幻覺，覺得擁有他（她）的世界將非常完美、充滿奇妙、驚喜與希望。通常你們會非常留戀於這段時間的回憶，因為充滿著感動與喜悅。兩人在過程中會經歷一段非常浪漫美好的回憶，像是一同去摩天輪上看夜景、生日慶祝、玫瑰花的告白、海岸的散步……等。經歷過短暫的相處，兩人身體波動共振達到最完美與和諧，隨之女性體內逐漸分泌更多女性賀爾蒙直至高峰；受到它的影響，使得女性擁有信賴與安全感，這往往會被誤以為是與男方在一起的結果。

而男性的賀爾蒙也會增加至高峰，讓男人產生動力與成就感，因此兩人會產生完美契合的感覺，你或許在此刻會心想：「這個人就是我注定要愛上的人，我一定可以跟這個人一輩子，我好愛他（她）！」

然而，在這時期的你們，都受賀爾蒙印記影響，像是被蒙蔽了雙眼般，許多的承諾都是在賀爾蒙印記（也是你的靈魂）精心設計好的局之下允諾的。然而事實上，你的靈魂深處非常清楚，對方與自己的契合並不那麼完美，這只是短暫的真愛假象，它利用賀爾蒙這段美妙的開場戲，引導我們進入未完成的愛情修煉場，讓它體驗它如是的愛情。

## 二部曲——業力愛情的真相、學習與釋放

當我們在關係中陷入悲傷、絕望與恐懼，要記住一點：真愛是發自內心的喜悅與平靜，是不帶任何需求的。

在享受完浪漫樂章之後，接踵而來的是許多賀爾蒙效應後的考驗。眾多大小紛爭、感情糾葛都在這時期發生，兩人的靈魂功課彼此因為業力關係而結合，開始將焦點考量在金錢、物質層面的現實問題，甚至開始懷疑起自己與對方是否擁有真實的愛。這時期的兩人不再縈繞著輕快悅耳的浪漫弦音，扶持著彼此豐盈愛的翅膀飛翔，而是鳴響著沉重激烈的重擊音，彼此拉扯、牽累著受傷的羽翼，從天堂悲傷地墜落。

這時賀爾蒙所產生的愛情幻象才漸漸被揭露，這些恐懼、痛苦、不安情緒形成的原因，終歸於雙方賀爾蒙的快速降低。然而不同高低的賀爾蒙影響所造成的狀況皆不同，以下就概括的三個狀況做解釋。

1. 如果女方賀爾蒙下降的比男方還快，她會失去安全與信任感，開始懷疑男方，並且用放大鏡檢視發生在男方身上的所有問題，變得悲觀、鑽牛角尖，嚴重者還會想透過行動上的監控來控管男方。這也是為什麼交往一段時間後，有些女方會開始查男方手機，甚至要求男方斷絕其他異性所有的關

係。這時男方會覺得不對勁，認為女方似乎變了個人，變得不再像當初那麼甜美可人，因此爭吵就隨之而來。

2.而如果男方的賀爾蒙下降得比女方快，他就會開始產生壓力，失去成就感與滿足感，漸漸地對這段關係感到很無力，甚至產生自卑感，於是想利用其他方式來彌補在愛情上的匱乏感。這時男性就會專心於事業或人際來逃避此狀況，也會懷疑起女方是否有第三者。

在自卑感的作祟之下，男方有些會產生強烈的占有慾，有些則是對女方默不關心，這也是為什麼，通常有些男方在交往一段時間後，會開始減少其對女方浪漫舉動的原因（但控制會增強）。此時女方會覺得不對勁，認為男方似乎已經不再愛她，懷疑男方愛上了別人。

3.若女性賀爾蒙與男性賀爾蒙同時快速下降至最低，雙方就會開始注意對方的缺點，所有的負面情緒開始產生，憎恨、失落、憤怒、忌妒等。賀爾蒙之鑰像是開了一個大玩笑，開啟了潘朵拉罪惡之盒，釋放所有痛苦於雙方身上，人心的黑暗始揭幕。

兩人開始產生激烈的爭吵，彼此偏袒自己免於受傷與痛苦，雙方被困於這個枷鎖之中，不停的急於攻擊對方，但往往迷失於困境之中，重複徘徊，卻不自覺。你可曾在每次爭吵後仔細回想？你是不是有時甚至不知道自己是為什麼而吵？是為什麼而生氣呢？答案很簡單，因為你們都深陷於賀爾蒙印記的輪迴裡，所以看不清這段關係的實像。但也唯有透過這種體驗，你的靈魂才能引領你走向真愛。

若你們的關係太脆弱、內心被恐懼籠罩，你們將無法掙脫賀爾蒙印記的輪迴之網，於是選擇用利刃結束你們的關係，但終究無法擺脫賀爾蒙印記的控制，在靈魂深處又加深了下一塊不可抹滅的傷痛（印記）。

倘若你們夠勇敢、夠堅忍，用寬闊的心胸接受你們所遭遇的困難，你們將會察覺賀爾蒙印記的祕密。於是你們將走向跟以往完全不同的道路，用最純粹的心，將最初回憶的細砂流釋然的放進玻璃瓶中，隨著時空之浪漂泊，最後兩顆心承服於彼此，你們的關係將會進入第三部曲——真愛。

## 三重奏——真愛

真愛絕對不是一加一等於二，而是一加一大於八（無限∞）。

要擁有真愛，唯有坦然先面對自己，擁抱所有曾經在感情上的傷痛，並不斷清理累世記錄在賀爾蒙印記中的傷痛，讓光明、愛與平靜流入內心，真愛就會降臨。在此階段，你們已經蛻變，會整合你們所有的成長經歷，但不沉溺於過往的回憶；你們會珍惜眼前擁有的一切，尊重並愛對方的所有，因此雙方在彼此眼中都是那麼純淨與完美無瑕，你們的世界將不再有批判、私心與負面情緒。

兩人既臣服於彼此也忠於自己，在分離時是獨立的個體，在一起時卻是相輔相依的存在。這將會讓你站在全新的位子看待親密關係，就像跳脫框框，在框框外往裡面看一般，兩人會替彼此的靈魂開拓光明的道路，彼此的愛已經不需要條件，會從另一層面上開始，雙方將融入彼此的成長，創造無限多種可能，到達新的完美境界。

但也因為了解到此段關係的意義，於是有可能在此選擇結束關係，但此時已經不受到賀爾蒙印記的影響，會以最平靜與愛的方式進行。

達到這種層次，可能需要經過一輩子的時間，換過許多不同的伴侶，甚至，需要花好幾世的時間，完成此課題。但當你領悟到，能用最純淨的真愛與另一半相處，兩人便可以在此段愛情中，持續清理賀爾蒙印記，創造無限種宏偉與壯麗的生命劇本。

## 揭開業力關係之面紗——賀爾蒙印記的輪迴重複程式

男女關係業力的開始，是因為賀爾蒙印記引起的；大多數人似乎仍無法察覺，每個與你們共享關係的人，不論多短暫，都與你們有獨特的靈魂聯繫。這些聯繫記錄在賀爾蒙印記中，不論你們是否實際擁有記憶或印象，在進行愛之關係時，你們仍然可以感覺更深的連結。也因此，當有些時候你們遇見某個人，就是知道自己「命定」中與他有緣分。

因為靈魂將召喚你們至更高層面的靈性演化，它藉由「關係」，不斷要你們往解決情感課題的方向移動；透過印記輪迴的重複模式，要你們療癒，而非卡在舊有的創傷裡。靈魂不要你們停滯在某個「失敗」的關係，或執著於某個「令你失望」的人中，卻殷盼著解決與療癒。

當你在愛情中遭受背叛，但靈魂——也就是你的愛，遠比你的仇恨、他的背叛來的大，你將經歷考驗，而這些都會有重要的教訓。這次也許別人辜負你，但下次或許是你辜負他人，經由這樣的輪迴體驗，你將會學習到同情悲憫。當你體悟到愛是所有一切，並用愛去包容痛苦，你就已經邁向蛻變的過程。

而不斷的清理、淨化這些賀爾蒙印記，將有助於你們的意識開展，了解靈魂想透過「關係」要你們療癒、學會什麼教訓。這就像是一條捷徑，讓你提早看清業力關係中的盲點，突破、超越它，進而朝真愛的方向前進。

當你們開始清理，有意識的朝向靈性關係前進，你們又怎麼發現這段關係中深層核心的傷痛是什麼？又該如何避開迂迴小徑？靈魂要你們療癒內在什麼問題？其實，這些答案都與你們（無論是集體或個人靈魂）在長久時空中的內在傷痛有關。最主要有三大核心：內疚、自我批判、自我毀滅。

## 1. 內疚

「內疚」的傷痛，起因於無法原諒自己曾經的錯誤，因這份罪惡，設法利用外在的付出來彌補內在的痛苦，你們會開始自我編造虛假的故事與信念，導致身體能量無法流通。

你是否曾經腦袋裡浮現這些想法：「我不應該對自己太好、我不值得他對我那麼好、我不配享有幸福、全都是我的錯、如果我當初沒有如此……」曾經你們都是受害者也是加害者。這些都無關緊要，你們要覺知，所有在關係裡未解決的衝突與傷害，將不斷形成負面能量，累積在你們的賀爾蒙印記中。

當你想起你辜負了自己的愛人，你的自責與愧疚緊緊纏勒著你，讓你無法呼吸；每當你看見愛人或你傷害的人，這些回憶讓你胸部悶痛、胃部絞痛。如果你可以體會我所說，就會了解「背負罪惡的包袱」這代價是多麼沉重。

別去逃避你內在的苦痛，正視你的過錯，並且寬恕原諒它。靈魂在賀爾蒙印記中記錄這份罪惡，並非要你們無止盡循環這個悲劇，而是藉由這齣戲讓你體會並療癒你自己。

別害怕，持續清理你的靈魂印記，無論善惡，這些都是你神性的一部分，用光與愛擁抱你的黑暗因子與傷口，讓它消融於無盡的愛中。

## 2. 自我批判

每個人的賀爾蒙印記中，承載了許多不屬於你們本質的負面程式，這些可能來自累世你們靈魂記憶的傷痛，也可能來自今世老師、父母、社會、宗教。這些程式在你們生命中發展成扭絞一團的繩索，然後深根於你們的潛意識中，形成牢不可破、甚至自己無法察覺的批判模式。你們信奉它、供養它，好似這些批判本是屬於你們的一部分，你們在本質上加諸了許多厚重的硬皮，使你們看不清真理與愛。

你是否曾經在腦袋裡想過以下念頭：「我一定是哪裡有問題、我一無是處、我沒有能力完成、我一定不可以、我很差勁、沒有勇氣、我好寂寞、我無能、無法做任何決定……」然而事實上，你與你知道的完全相反：你非常有力量、非常厲害、非常完美且充滿愛。的確，我們很容易受傷，靈魂給予我們生命中一道又一道的難關，當我們看不清關係與痛苦的本質，這使我們傷痕累累，無奈、恐懼與沮喪，不得不批判。

停止批判自己吧！你不明瞭自己內心深處為何有這樣的因子，你不明白為何生命給予你這樣的苦難，但你的靈魂明白。那是因為你還未從傷痛中成長，你的靈魂渴望你發現你內在的傷痛，並用愛去療癒它。

持續清理承載著過多傷痛的印記吧！你會越來越明晰自己的批判起源於何處。當你發現這個非你本質的附加程式，你會開始將它與你分離，好讓你開始讚賞自己的美麗、莊嚴、神聖，並讚嘆發生於自己身邊周遭的一切。

## 3. 自我毀滅

「毀滅」代表著破壞與憤怒，當「內疚」與「批判」依然無法得到解決時，就會累積成一股破壞的力量。這股力量通常轉入內心深處，意識很難察覺，當傷口已經化膿無法癒合時，靈魂藉由身體發炎症狀告知你們，該正視自己內在的問題。

賀爾蒙印記重複模式

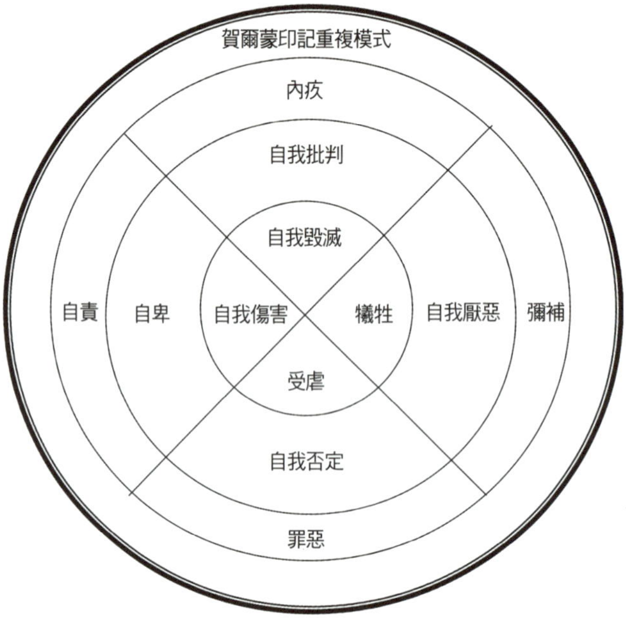


財富印記高頻率振動衍生情緒 & 行為

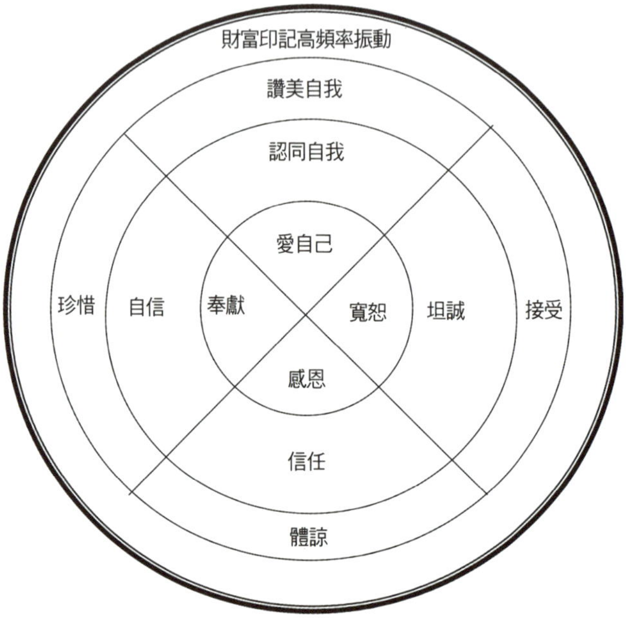

通常你們會在無意識中做出傷害身體的事情，而你們卻渾然不知。大部分吸菸或擁有婦女疾病的患者，都跟賀爾蒙印記中記錄「自我毀滅」的訊息有關。你有活著的渴望嗎？你了解自己嗎？你是否曾經為自己活過呢？還是大部分的時間都不停汲汲營營地追尋他人的期盼？你的意識可以捏造，但你的靈魂是誠實的，它遵循你最深的渴望，並給予你想要的未來。因此所有的疾病都攸關乎你們自己，無論是今世或者累世，這都是你們一手造就的劇本；但往往我們靈魂核心訊息總被許多二元世界的負面訊息給包覆，讓你們看不清真相。

唯有不斷清理我們的印記，你們才得以看清靈魂的渴求與內在的傷口，找到最深層的那根刺，並拔出、轉化，生命才得以淨化與改變。

## 感情聖者的訊息

在我第一次與感情聖者接訊，是在位於波利維亞的的喀喀湖和秘魯之間，接訊的目的是為了幫助我了解真愛的智慧。我站在湖邊的泥地上，利用特殊的金字塔建立神聖的空間，我在那神聖空間中感受來自宇宙的強大能量；下一秒我感受自己一直往上延伸，離開地球、離開太陽系、離開銀河系，不停地往上延伸；最後我看見一股充滿粉紅色能量的光體，祂讓我感受無比的溫暖與愛。粉紅色光體喜悅地迎接我，開始與我分享祂的智慧：

「我是感情聖者，是一種高等靈魂，我將與你分享世界真愛的奧祕。這些真愛的智慧，適用於任何一個人，但不是每個人都能接受與實踐，只有那些肯接受與實踐的人，最終能體驗真愛。這些訊息將不斷地被分享出去，為了幫助世間人們的靈魂成長。」

感情聖者給我有關感情的第一個訊息，就是希望我們認清，在外在世界中，我們所稱作「愛」的，很多時候只是一種需求，大部分的人也是因為需求而進入一段關係，這種關係只是用需求包裝的愛，無法與無條件的愛相比擬。感情聖者的訊息這樣說到：

「很多羅曼蒂克的愛情，事實上是賀爾蒙印記影響之結果，兩個人為了滿足自己的需求，投射至另一半，讓另一半成為心目中的白馬王子或是白雪公主。雙方在關係中都扮演好自己的角色，達成無意識的合約，一切看似幸福美滿，一旦一方不再需要需求，或是需求無法再被滿足，關係自然就會走向破裂。」

這段訊息清楚指出：外在世界中，處處存在愛情的陷阱，這種陷阱會讓你很難覺察，因為很多時候，這些需求都藏在內心深處；受到賀爾蒙印記影響，你會自認為是因為愛進入關係，事實上不過是一種需求。男性會因為許多需求進入關係，最常見的就是性、金錢、滿足感、成就感等，女性常見的需求，像是安全感、穩定感、陪伴感、金錢等。不管是哪一種需求，最終會因為過度的執著，變成一種嚴重的中毒現象，你會覺得不想與此人分開，實際上是你不想與此需求分開。這種需求的關係非常危險，很容易就造成支離破碎。感情聖者的訊息這樣說到：

「受到賀爾蒙印記影響的愛，其實都是一種需求，也是一種占有與上癮的執著，輕易就能轉變成悲傷、痛苦、恐懼與恨。」

要感受與體驗無條件的愛，實際上沒有想像中的困難，因為我們本來就處於無條件的愛中，只須持續地清理三大印記。正如感情聖者的訊息：

「持續地清理三大印記，能夠更輕鬆地感受到真愛。只需要在思考、言語與行動之前，用心聆聽自己的感受，就能以無條件的愛面對任何事物，不會再執著某些事，也不會與任何負面的振動頻率共振。感受會試圖幫助你找到適合的振動頻率，並會減輕你接觸每件事的振動，讓它們不再如此沉重。」

持續地清理三大印記，將不再受到你的腦袋所控制，開始利用自己的感受去尋找真愛。此時找到的對象與你不再只是需求的關係，而是為了某種神聖目的——幫助兩人靈魂的成長，你們倆印記的振動頻率將非常完美契合，並以無條件的愛共同前進。

真愛確實存在，受到三大印記的影響，人們的內心往往被層層的假象包覆住，這會使你對尋找真愛喪失信心。不管在任何當下情境，都要相信真愛與你同在。選擇從外在事物中看見真愛的存在，只要你勇於選擇，並改變內心的狀態，尋找真愛絕對比你想像中的容易。感情聖者的訊息提到：

「人們可以在任何當下看見真愛，只需要改變內心如何面對外在事物的心態與狀態。人們都擁有自由意志，這是神性給予的禮物，因此對於如何看待外在的一切，都可以自由的選擇；任何的選擇，都是在定義真實的自己，以及定義你想如何體驗自己。」

# 賀爾蒙印記案例

## Case 1 處處被壓抑的舞團隊員

安娜（Anna）是一位知名舞團的團員，她對於舞蹈有非常高的天賦，曾經參加許多國際性的大型表演。雖然演過許多不同的角色，但她始終沒辦法演自己心目中最渴望的女主角。雖然她熱愛舞蹈，但她在舞團中非常的不開心，從她進舞團起，處處受到別人的冷眼與刁難，在舞團中幾乎沒有朋友，她時常覺得，自己總有一天會被舞團給拋棄與遺棄。這讓她心中產生了極大的恐懼以及精神的壓力，覺得舞團所有的人都要害她，這使她精神開始出現了問題，甚至被迫休團，無法參加公演。

在她父母的鼓勵之下，她決定寫信來諮詢。在與安娜的靈魂溝通後，我發現她的內心是個非常沒有自信的人，雖然有很強的天賦與能力，但卻被深層壓抑在她的潛意識之中，無法表現。

我開始詢問她的靈魂，她的靈魂告訴我，主要的問題出在賀爾蒙印記，這印記產生的負面訊息，讓她在人際上困難重重。她在面對團員，甚至在練習時，無法完全的表現真我。由於賀爾蒙印記的關係，也使得她情緒非常不穩定，非常沒有安全感。

在我查看她的靈魂訊息後，我發現安娜的前世是一位非常美麗富有的女人，但卻非常傲慢，時常指使其他人做事情，毫不顧慮別人的感受，甚至在背地裡策劃許多事情，讓身邊的人受罪，這也是為什麼這一世她受盡別人冷眼的原因。最後她為了自己的利益，拋棄了許多曾經幫助過她的人與團體。

「安娜，妳這一世會無法在團體中獲得認同，是因為妳某一世曾經遺棄他人、傷害他人所致，這個訊息記錄在妳的靈魂中，產生賀爾蒙印記，讓妳不斷重複『被拋棄、被傷害』的感覺，因此無形中，妳都無法真正表現自己，覺得時時刻刻都會有人傷害妳。」

我看到安娜舊的鞋墊有許多低波動印記能量，這讓安娜在跳舞時會增加許多不安全感，我請她先去重新訂製一雙芭蕾舞鞋，並前往前世開啟她的能量之門進行清理。

安娜在進行長達四個月的清理後，開始恢復了自信與開朗。回到舞團後，全部人都覺得她變了，有更多人喜愛與她交朋友，團長也發現她具有驚人的天賦。經過栽培，她開始嘗試許多高難度的舞蹈與角色，漸漸受到許多國際性企業團體與大公司老闆的器重。她目前與更大的國際性舞團簽約，朝著她更高的靈魂藍圖前進。

## Case 2 來報恩的靈體

白西絲（Persis）是醫院的護士長，第一次見到她時，我就感覺她雪亮的兩眼中有些許的白霧。她告訴我，她自從去了一趟旅遊回來後，全身感到不適，尤其是眼睛，一直無法對焦，看了許多醫生都找不出原因；除此之外，自從回國後，她所投資的股份全部急轉直下，這讓她覺得，這之中或許有些關聯。

在確認她的靈魂願意接受諮商後，我開始詢問她的靈魂。她的靈魂要我告訴她，她在去亞洲旅遊時，遇到了一位靈體，這位靈體前世曾經受恩於她，於是今生是要來報答她的。

我將看到的訊息轉述給白西絲，但她似乎很困惑。

「金博士，祂是來提醒我的，那為什麼會讓我身體和我的眼睛感覺那麼不舒服呢？」

「祂要我轉答，這些感受是要提前給妳的提醒，目的是為了讓妳開始注意身體的變化，因為一年後妳會生一場非常嚴重的病，可能會危及性命。祂引領妳至我這裡，祂知道我會告訴妳真相。」

「那關於那場嚴重的病，我該怎麼樣避免呢？」

我告訴她，未來的這場病，來自於她體內累世未清除的賀爾蒙印記的影響，這個印記會降低她的身體能量波動，一年後，身體所累積的低波動能量，將會演變成肉體嚴重的疾病。

我將屬於她的印記清理碼交給她之後，告訴她必須回東方一趟，回去當地的能量之門清理她的負債印記。

一星期後，我接到了她的來信，信件中提到，她的眼睛與身體在諮商完的隔天已經獲得改善。但是她覺得她美滿的婚姻突然一夕之間改變，原本結婚十幾年的丈夫，竟然外遇了，而且似乎已經有一段時間，最近才被她發現。

我告訴她，這是她開始願意清理賀爾蒙印記所運作的浮現，必須持續的一一清理這些反覆的印記；並建議她運用浸泡法來維持身體波動，降低印記對她的影響力。

過了幾個月，我又接到了她的信件，信裡她很感謝我提點她的一切。自從她從東方能量之門回來後，覺得自己煥然一新，並利用旅途的過程，不斷地清理賀爾蒙印記，漸漸地看清她先生與她的關係，於是決定與先生離婚。即使過程不好受，但過程中她的內心卻意外的平靜與堅定；更好的是，自從開始清理之後，她開始學習投資，讓她賺了一筆額外的收入。現在她持續運用清理工具，也相信未來的病透過清理印記可以得到改善。

Case 3

## 缺乏魅力的汽車工程師

有許多女人擁有高成就，也擁有很高的學歷與薪資，但卻一直無法有好姻緣，這其實是因為她體內賀爾蒙印記的影響。

格雷西（Gracie）是一名高級汽車工程師，她是這個工作上唯一的女性，這讓她備感榮耀，卻也飽受壓力。

第一次見面，她的穿著非常的中性，她告訴我，她很難控制她的脾氣，因此在事業上樹立很多敵人，導致許多人都在暗中議論她，讓她很不開心，她想解決人際方面的問題。除此之外，她說她今年將近四十歲，但是一直找不到適合的結婚對象，讓她很煩惱；她與交往對象在一起通常不超過三個月，與她交往的對象總是莫名其妙的離開她。

詢問完她的靈魂之後，她的靈魂告訴我，她的後脊椎上有一塊很深的賀爾蒙印記，這是導致她今世沒辦法與男人相處長久的原因，甚至還會不時激怒他們。但她的靈魂並不想被治療。

我感到很奇怪，於是再問一次，但是答案依然是否定的。她的靈魂告訴我，這與她累世的人生課題有關，她的靈魂想要在這一世讓她學會這方面的課題，而這些人的出現，就是要讓靈魂成長進化。

而至於工作與人際關係的問題，在詢問完造物主之後，我才更清楚她的靈魂不想被治療的原因。造物主要我轉述她：「妳的工作非常適合妳，從妳一出世被設定的天賦，就是要從事這個行業。至於妳人際關係不好的原因，其實和妳憂傷靈魂干擾有關，這個憂傷靈魂從妳三歲時就跟著妳到現在，至於他跟著妳的原因，是因為上輩子的印記累積。」

沒多久，我見到她的右肩後方有一個靈體。在詢問之下，那個靈體給我看到她前世的畫面。但在權衡之下，我看見當事人意識無法承受，我便沒有告訴當事者當時的經歷。

她聽完，告訴我，她其實很多時候會莫名其妙的跌倒或撞到東西；有時候明明覺得自己可以賺到更多錢，但總無法達成目標；吃了很多保健品，但是身體狀況一直沒有改善。這些都讓她很納悶。

「事實上，這些問題都與妳身上的憂傷靈魂有關，因為妳前世曾經傷害過他。」

格雷西聽了似乎還是不太相信，於是我利用儀器檢測電磁波的干擾給她看。儀器顯示，格雷西現在的狀況，無論吃什麼藥與保健品，都無法幫助她改善健康的狀況；因為憂傷靈魂的存在，會遏止她運用可以幫助她的藥品，甚至讓這些醫藥無效化（有些自然醫藥雖然對其他人有很強的頻率與功效，但一到她手上，就自動變低頻率也無效化，在與我諮商的眾多案例中，這樣的狀況除了強大的負面印記影響之外，大多與他身邊存在許多憂傷靈魂有關）。

格雷西在此完全的感受到了，於是我開始詢問那些憂傷靈魂，要如何做，才能離開格雷西。他們告訴我，要格雷西清理她累世的祖先印記與賀爾蒙印記，這兩大印記深刻的記錄了那一世許多悲劇的發生，透過清理，也可以幫助這些憂傷靈魂不平衡的能量得到釋放。

「那大概要清理多久呢？」格雷西問。

「三年的時間，每天不間斷地清理妳的印記。」我告訴格雷西。

「三年？」格雷西很吃驚，覺得這段時間似乎太久了些。然而我告訴她，有些人因為前世的課題未完成，造成龐大的三大印記磁場，甚至一輩子清理也清理不完；她僅僅只有三年的時間，便可以換取往後平靜的人生，要充滿感恩。

於是我告訴她，造物主交給我她專屬的清除印記碼方式，要她每天早晚都必須至少執行一次印記清理。她臨走時，我確信從她的眼神中，似乎很滿足已經得到了解決的辦法。

大約一星期後，我接到她的來電。她告訴我，自從她開始使用清除印記碼，每天清理三大印記之後，她感到心情非常平靜與喜悅，一整天下來很少與人起爭執，甚至開始有男士在注意她、邀她吃飯，她感到很不可思議。雖然有時還是會不小心跌倒、身體狀況還是有些問題，但已經明顯改善了許多；更棒的是她又升職了，讓她的收入更為豐厚。

## Case 4 在愛情中迷失的雜誌總編輯

依文吉琳（Evangeline）是美國某知名雜誌的總編輯，她在事業上非常的成功，像是個女王。她擁有清晰聰慧的頭腦，做事也講求精確完美，因此贏得許多合作商與下屬的信任；但是一遇到感情問題，無論對象來自何種身家背景，她總是輸家，時常狼狽不堪，身陷囹圄。

「金博士，我非常愛我的男朋友，但他已經有了家庭，我卻無法自拔。雖然他一開始就和我坦承他有家庭，但我還是願意相信，有一天他會為了我選擇離開他的妻子。但最近他對我越來越冷淡，甚至開始不接我的電話，我覺得很痛苦，有時甚至想要自殺，我覺得自己不能沒有他。」她說完兩眼泛紅。

我拿了張衛生紙給她，並給她喝一杯清理淨化水，觀察她的身體能量波動，發現賀爾蒙印記是影響她感情問題的主因。在她喝完水後，她身體的頻率漸漸提高，印記的影響有稍微舒緩下來。

在詢問她的靈魂願意接受治療後，她的靈魂讓我看到一些畫面：「妳會有這樣的困擾，其實是因為妳體內的賀爾蒙印記，這與妳內心『內疚』的課題相關。妳覺得自己不能沒有他，其實是因為出於妳潛意識中覺得對不起他的感受；這與妳累世的業力有關，也許妳會非常難接受，但我必須把造物主的話傳達給妳。

「上輩子其實你們已經認識了，也曾相戀過，但那時妳因為要去別地讀書，便離開了這位男子，之後妳拋下他結婚了。直到死前，妳最大的心願就是把妳內心對他的歉意傳達給他，於是這便記錄在妳的印記之中，使妳體會他曾經經歷過『得不到、也被拋棄』的痛苦。」

說完，她又哭得更大聲了，她說她內心確實一直覺得很對不起他，但不知道為什麼，從第一眼看到他，就覺得自己必須好好地照顧他。

她將她壓抑已久的情緒釋放出來了，我看到她原本呈現混濁的身體波動，漸漸清晰了起來。我告訴她，這一生她靈魂要她學會的功課，就是要放下，並且寬恕她自己。

「造物主要我告訴妳：『唯有當妳寬恕了自己時，妳才能夠掙脫束縛，找到妳的真愛。』」

我將水清理法的方式交代給她，並且告訴她要前往紐約，也就是他們倆前世相戀的地方去做清理，這樣她才可以清除一部分的賀爾蒙印記。之後必須每天運用屬於她的印記碼做清理的工作。

過了幾個月後，我收到她的來信，信件上是這樣說的：

Dear 金博士：

我非常感謝您為我做的一切。自從我開始清理印記之後，漸漸地，我覺得越來越清楚自己要什麼。剛開始，不跟他見面，確實讓我很痛苦；但每當我想回去找他時，我都想起您跟我說過的話，於是我又靜下心來持續清理。我開始學會控制自己的情緒，每次清理完，我都感覺如此平靜與清晰。

上個月我去了一趟紐約，不知道為什麼，覺得情緒很激動，連續好幾個晚上在飯店都睡不好。但在過程中，我依照您的指示，持續運用您給我的清理印記碼，不斷地清理，讓我盡量不要受到影響。在旅程接近尾聲時，我突然察覺了一件事，就是：我對他的愛似乎已經不再那麼執著了，我覺得我的人生可以有更高的格局與更完美的伴侶。

依文吉琳

## Case 5 得婦女疾病的心理治療師

在感情世界中，大部分的人都活在別人的要求與期待下，而沒有辦法真正從這牢籠中掙脫，為自己而活；唯有看清宇宙實相時，才會知道，我們每一世最重要的課題都是：跳脱這重複的印記輪迴，為自己負責，重新創造真正新的人生。

所有女性若是婦科發炎的患者，大多都是賀爾蒙印記中存有「自我毀滅」的種子，但如果意識沒察覺，它就會從一個想法蔓延成身體疾病。如果你的靈魂透過身體告訴你這個訊息時，通常表示，此負面印記的影響已經非常嚴重了，你必須察覺你的靈魂深處出了什麼問題，並且寬恕它、清理它，從而化解這個印記，才能徹底根除疾病。

琴妮（Ginny），是位於芝加哥的一名心理治療師，曾經結過婚，後來又離婚了，育有一位中學二年級的女兒。她過去治療過許多大大小小患有心理疾病的病患，在當地小有名氣；但當她發現她罹患子宮慢性病時，她的人生陷入低潮。她不停地接受治療、做過許多大小手術，但她的病況時好時壞，並不穩定，這讓她感到非常痛苦。

當我見到她時，她形容枯槁、兩眼無神，全身因為疾病的關係變得很虛弱。我來時，她女兒站在旁邊，她則很勉強地從病床上起身問我問題。

「博士，我覺得好痛苦，每次在治療時，我都覺得自己不想活了；但是我的女兒還小，我覺得自己必須活下去，我還有很多想做的事情沒有做……」

我在詢問她的靈魂願意接受治療之後，便開始將她靈魂要我轉述的話交給她。我告訴她，她的病是因為身體的賀爾蒙印記，這與她累世的人生課題有關，最主要影響她的是，因為她內心深處擁有「自我毀滅」的欲望。

「妳是不是打從內心覺得沒有活著的渴望？」我問她。

「沒有，我很想活，我還有很多事要交待、要完成……」

「我再問妳一次，妳是不是打從內心沒有『為妳』自己活的渴望？妳其實覺得很累，很厭惡自己的一生。」

她一聽到我這樣說，眼眶立刻紅了。

她說她一生都在為別人努力，結婚以後，老公從沒好好的對待過她，時常半夜宿醉才回家，她平時只要稍微唸他，就會被老公漫罵、羞辱，甚至打她。一天，債務公司來家裡，她才知道，她老公背地裡用她的名字當擔保人，借了一筆數目不小的錢財拿去賭博，因為還不起賭債，所以她老公趁著半夜跑了，留下她與女兒和一大筆的債務。

從此她的日子變得水深火熱，一天內做了許多兼職的工作，但她知道自己必須撐下去，因為她不想女兒跟她一樣。她要女兒讀好書，並讀好學校，因此不願意讓女兒去外面打工維持家計，她說她一生中從沒為自己做過些什麼。

講到這裡，她女兒的雙眼也泛淚了。

等她釋放完能量之後，我看見原本呈現黑色混濁的肉體，逐漸變淡。我將專屬她的清理印記碼的方式交給她。臨走前，我看到她的身體波動微微地發出一絲絲光。雖然她什麼話也沒說，只是默默地看著我離開，但我知道她的心靈、身體必定獲得了釋放。

幾個月後，她的女兒聯繫我，說她母親的病況已經好很多了，原本需要吃的藥漸漸停掉了，沒多久就可以出院了，讓她覺得很不可思議。原本想陪伴媽媽，所以跟著一起清理印記，沒想到幾個星期之後，她父親以前的朋友打電話來，說願意資助她學費，讓她好好學習，不用為了錢而苦惱，她頓時覺得人生有了依靠。她很感謝那位貴人，也很感謝生命給她們母女倆的奇蹟。

# Ch 6

# 三大印記清理，回到最初完美狀態

人是尋求意義的動物。

——柏拉圖

# 三大印記清理

## ◆1. Egypt 水清理法

### 萬物都具備某種程度的能量

能量是萬物的一切，它是開始，也是結束。

萬物都是振動的，只是用肉眼無法看見。振動的同時，會產生能量波，這是種能量的表現方式。萬物都具備某種程度的能量，神性的智慧也是種能量。能量就是一切，它是萬物的本質，它沒有好，也沒有壞，它是宇宙運作的基本元素；它可以是一粒沙，也可以是整個宇宙，它無所不在。

以量子力學來說，能量以粒子與波動的方式呈現，具有二元性；我們若將物質逐一分解，可以發現，所有的東西都是以粒子與波動的形式存在。萬物在原子世界中，不是靜態的堆積重疊，而是不斷繞著原子核的運動，不停地振動。萬物可以用粒子的形態讓肉眼看見，但是振動的模式，一般人無法用肉眼看見。

### 最純淨的能量——高頻率振動

最純淨的能量，永遠是那最初的能量——無限的愛與平靜。世界上沒有不純淨的能量，只有遠離純淨的能量；而唯有體驗過遠離純淨的能量，才能真正體驗純淨的能量，與有上才有下、有左才有右，是一樣的道理，這就是二元性的原理。

那些找到回家之路的人，能夠擁有純淨的能量，因為他們已經全然的體會自己的完美。純淨的能量，永遠是最高振動頻率的能量；越遠離純淨的能量，振動頻率越低，這是種相對的原理。

純淨的能量，永遠是最大的愛與感恩，只要覺察自己的思考、言語與行動離最大的愛與感恩多遠，就能知道自己離純淨的能量多遠。大部分人都還未能找到真正回家的路，都在體驗的過程中，因此都離純淨的能量有些距離。但是這沒有不好，因為透過體驗那些非純淨的愛的任何事物，才能真正了解自己的原本樣貌。

## 身體與能量

既然萬物都在振動，身體當然也在振動；每個人都有自己的振動頻率，身體的振動頻率，幾乎影響我們所有的一切。正面的事物具有高的振動頻率，也就是越純淨的能量，像是感恩、愉悅、愛、平靜、幸福等；負面事物的振動頻率較低，也就是越遠離純淨的能量，像是死亡、悲傷、憤怒、恐懼等。如果你讓身體維持高振動頻率，就會吸引外在正面的事物，因為高振動頻率會互相共振；相反地，如果身體處於低振動頻率，就會招來負面的事物，產生許多問題。

提高身體的振動頻率，可讓人生過得更順遂與幸福，因為負面的事物都會消失，換句話說，所有人生的問題，都不再是問題。提高身體振動頻率的方式，就是你的思維、言語、行動都要轉化成正面的型態，你思考的永遠是感恩與愛，說出的話永遠是感謝與祝福，做出的行動永遠是建立在神性的靈感中。

身體維持高振動頻率的人，才能有意識的選擇自己想走的道路，以及選擇自己的人生劇本；身體低振動頻率的人，只能任外在訊息擺布，無意識地活著，以及無意識的選擇重複的劇本，不停地重複體驗。

## 能量測量——手與心之感受

手是人體對於能量最敏感的部位，因此可以用手去觸碰物品，感受它的能量。萬物本是一體，沒有分離，用手觸碰，可以讓你與該物品有所連接，便能感應它的狀態，也就是它的能量。手是能量的窗口，它能接收能量，也能傳遞能量，接受外在的能量，傳遞你內在的能量。

能量本身沒有好壞，只有振動頻率的高低。一個物品適不適合你，代表是否符合你的振動頻率，或是提高你的振動頻率。當振動頻率相符時，就能產生更大的共振，也就是能量的提高；能量的提高，又能去共振更高的能量，吸引更正面的事物，就這樣正面的循環。但是，如果找到不適合的事物，就會開始負面的循環，因此選擇振動頻率適合自己的事物，非常重要。

只要你將手放在該物品上，當下你的心的感受，就是那物品對於你的適合程度或是對於你的好壞。碰到物品的一瞬間，心是喜悅、愛、平靜，就是適合；如果有其他負面的感受，就是不適合。記住，只有一秒，下一秒訊息就進入腦中，受到潛意識與心智的影響，降低準確度。

利用手與心測量能量，需要持續地練習，練習久了，就能夠駕輕就熟。感受是一種靈魂的語言，它能告訴你什麼最適合你自己；多聽你的感受，不要背棄它，記住也不要欺騙它，喜悅就是喜悅，沒有好像喜悅這種東西，任何的好像什麼的，都是經過腦袋的結果，因此你也不必考慮它是否適合你。

多看看美麗的圖與自然風景，記住那時當下的感受，那就是接近喜悅、愛、平靜的能量，可以用來與你碰物品的感受做一個對比，讓你更能了解什麼事物適合自己。

## Egypt 水清理法的使用

人體百分之七十是由水組成，說水主宰人體的一切也不為過。一個人身上水的財富印記波動值，就能反映這個人身體的振動頻率，因為水是身體所有化學作用的媒介；高頻率振動水（財富印記高波動水），能夠提升化學作用的效率、提升身體運作的效率，進而提升身體的能量振動與效能，因此，喝好水比吃好食物更重要。

我們的言語或是意念是傳遞能量的一種方式，藉由對著水朗誦或是默唸「水轉化印記碼」，能將水的印記波動值提升。當水的波動值提升至一千時，就能創造高頻率振動水，藉由飲用高頻率振動水，能夠幫助我們清理負面的三大印記，提升財富印記的波動值。

我們每個人的財富印記波動值不同，不同波動值的人，使用的水轉化印記碼以及朗誦或是默唸的次數也會有所不同。當你處於「大我」的財富波動值時（波動值一千），需要朗誦或是默唸「大我」一百次，才能將普通的水轉化成波動值一千的高頻率振動水；相對地，當你處於「啟發」的財富波動值時，你則必須朗誦或是默唸「啟發」一百六十次，才能將水的波動值提升至一千。

如何得知自己的財富波動值是多少呢？可以藉由各種能量的測量方式，像是臂力測試、O環等。很多人無法測試到自己的財富波動值，主要原因是因為他們的波動值是低於「啟發」（波動值四百）的階段；因此如果他們想要將水的波動轉化，就必須朗誦或是默唸「啟發」超過一百六十次以上，你才能夠再次利用能量測量的方式，測出自己適合朗誦或是默唸「啟發」的次數。

藉由每天飲用高頻率振動水，能將人體內水的振動頻率轉化，將低振動頻率的水排出體外，換成高振動頻率的水，讓人體內水分子維持高頻率的狀態。人們在高頻率狀態時，會充滿正面活力且精神飽滿，頭腦平靜與清晰，靈魂喜悅與歡樂。當然，更重要的是，高頻率振動水能夠同時徹底地清理負面三大印記，不管是負債印記、祖先印記或是賀爾蒙印記，都

| 轉化水的印記波動值 | | | |
|---|---|---|---|
| 水轉化印記碼 | 人的財富印記波動值 | 朗誦或是默唸次數 | 水轉化後的波動值 |
| 大我 | 1000 | 100 | 1000 |
| 一切存在 | 900 | 110 | 1000 |
| 一體 | 800 | 120 | 1000 |
| 愛 | 700 | 130 | 1000 |
| 智慧 | 600 | 140 | 1000 |
| 仁慈 | 500 | 150 | 1000 |
| 啟發 | 400 | 160 | 1000 |
| 啟發之下 | 400 以下 | 160 以上 | 1000 |

能有效的清理。每個人每天都必須飲水至少兩千 c.c.，Egypt 水清理法，將日常生活飲水習慣與清理完美結合，不用時時專注於清理，透過每天正常飲水，即能得到非常好地清理效果。

## 2. 世界的富裕能量之門

世界上有些空間，充滿高頻率的能量——整個空間處於高度振動的狀態，有些人把這些地方稱為「能量點」，而我稱為「能量之門」。藉由與這些空間的能量共振，能夠加速三大印記的清理，讓你憶起神性的智慧，接收神性的靈感，進行神性的創造。

「能量之門」中，有些能夠減少你創造財富的時間，我稱為「富裕能量之門」。與富裕能量之門的高頻率共振之結果，時間會被壓縮，因此你得到財富的時間會提前，譬如你原本在年老時會得到的財富，在年輕時就能得到。但是使用富裕能量之門轉化的人，必須持續的清理三大印記，否則財富來得快，去得也快；因為不持續清理，身體的富裕能量，就會回到原本的狀態，你的財富也會回到原本的狀態，多餘的財富自然會消失。

富裕能量之門散布世界各地，其中以北美以及歐洲最多，這也是美國、加拿大與歐盟具有強大經濟力的主因之一。以下將針對北美以及歐洲的富裕能量之門進行簡單介紹。

## 北美的富裕能量之門

### 美國的富裕能量之門

美國的富裕能量之門多位於都市以及山區，相差極大，不是非常繁榮，就是非常偏僻，以下列舉幾個我去過的地點，提供給讀者參考。

（1）紐約市的帝國大廈（Empire State Building）

帝國大廈是位於美國紐約州紐約市曼哈頓第五大道的一棟著名摩天大樓，為紐約市以至美國最著名的地標和旅遊景點之一。

帝國大廈所在之地的富裕能量非常強，「富裕能量之門」大約位於頂樓附近的位子，如果你有幸能去一趟紐約市，一定要去這裡一趟，將會有意想不到的收穫。

（2）紐約市的華爾街（Wall Street）

華爾街是一條位於美國紐約市下曼哈頓的狹窄街道，西起三一教堂，向東一路延伸至東河旁的南街，是橫跨紐約曼哈頓的金融中心。今日，「華爾街」一詞已超越這條街道本身，成為附近區域的代稱，同時也可以借指對整個美國經濟具有影響力的金融市場和金融機構。

華爾街的「富裕能量之門」變化很大，我每次前往，地點幾乎都會改變，是一個財富能量變化很劇烈的地方。

### （3）加州洛杉磯的好萊塢（Hollywood）

好萊塢是美國加州洛杉磯的一個地名，由於美國許多著名電影公司設立於此，故經常與美國電影和影星聯繫起來，而「好萊塢」一詞往往直接用來指南加州的電影工業。

好萊塢的「富裕能量之門」非常多元，也帶動美國電影產業的發展，像是落日大道（Sunset Boulevard）、好萊塢劇場（Hollywood Bowl）、首都唱片大樓（Capital Record Building）等。

### （4）華盛頓洲的華盛頓紀念碑（Washington Monument）

華盛頓紀念碑，是美國首都華盛頓哥倫比亞特區的地標，為紀念美國總統喬治・華盛頓而建造。石碑建築物的內部中空，是世界最高的石製建築。

華盛頓紀念碑是華盛頓財富能量的集中地，也是「富裕能量之門」的所在地，我有許多案例，於碑下清理三大印記後，得到意外的財富。

### （5）夏威夷洲的鑽石頭山（Diamond Head）

鑽石頭山是位於美國夏威夷州瓦胡島東南角的一座死火山，地質學上稱作凝灰岩錐。「鑽石頭」的名字由十九世紀英國水手所取，因為他們誤以為這裡石頭中的方解石結晶是鑽石。

鑽石頭山的「富裕能量之門」位於山頂的一塊空曠處，在那裡你能感受能量的流動，整個人的身體都與大地共振，快速轉化身體的能量，同時清理三大印記。

### （6）阿拉斯加州的麥金利山（Mount McKinley）

麥金利山位於阿拉斯加州東南部、阿拉斯加山脈中段，海拔六千一百九十四公尺，位於迪納利國家公園和保留區內，為北美洲最高峰，也是美國的最高峰。

麥金利山的「富裕能量之門」非常強大，位於頂峰的西側，如果能共振那空間的能量，可快速清理三大印記，財富隨手可得，這也是為什麼，美國許多富豪喜歡登麥金利山的主因之一。

### （7）加利福尼亞州的惠特尼峰（Mount Whitney）

惠特尼峰是位於美國加利福尼亞州內華達山脈中的一座山峰。惠特尼峰海拔高度為四千四百一十八公尺，是美國本土最高的山峰，位於紅杉國家公園內。

惠特尼峰的「富裕能量之門」非常強大，位於接近頂峰的西南側，在一個非常隱密的地方，當初也是追尋神性的靈感，才能找到那神聖的空間。此處算是美國財富能量的整合中心，在那裡可以清楚得知美國財富能量的分布，我自己也是在那裡看見許多位於美國的「富裕能量之門」。

## 加拿大的富裕能量之門

加拿大的「富裕能量之門」多位於山區與湖區，只有少數幾個位於都市，與美國有差異，以下提供給讀者參考。

### （1）加拿大多倫多（Toronto）

多倫多是加拿大安大略省的首府，坐落在安大略湖西北岸的南安大略地區，是一個世界級城市，也是世界上最大的金融中心之一。多倫多證券交易所是世界第七大交易所，總部設於市內，有多數加拿大公司在這裡上市。

多倫多的「富裕能量之門」位於天際線處，該處為整個多倫多地區的財富能量振動最高的區域，我有個朋友在那附近經商，事業非常順利。

### （2）洛磯山脈（Rocky Mountains）的羅布森峰（Robson peak）

羅布森峰為洛磯山脈位於加拿大境內的最高峰，高度為三千九百五十四公尺，位於不列顛——哥倫比亞省（British Columbia）的哥倫比亞省公園內。

羅布森峰的「富裕能量之門」不是位於頂峰，而是位於接近頂峰大約八成的一個小平台，在那可以遠眺美麗的風景，享受大自然的風光，體驗大自然的壯麗；當然，也別忘了在那裡清理三大印記。

### （3）蘇必略湖（Lake Superior）上的無人島

蘇必略湖是北美洲五大湖中最大的一座，被加拿大的安大略省與美國的明尼蘇達州、威斯康辛州和密西根州所環繞。蘇必略湖是世界上第二大湖泊，也是世界上第一大淡水湖，以蓄水量而言，是世界上第四大的湖泊。

蘇必略湖的「富裕能量之門」，位於加拿大安大略省境內的一個無人島上。無人島極少人知道，當地的導遊也沒到達過，是神性的靈感指引我前往這座島上。無人島面積不大，四周環繞著湖水，站在上面，能感受四周湖水的高頻率能量於島上達成完美的和諧，真的是大自然的奇妙之處，以現在的科技，還無法做到這種境界。

### （4）安大略湖（Lake Ontario）上的神祕水域

安大略湖北鄰加拿大安大略省，南毗尼亞加拉半島和美國紐約州，是北美洲五大湖之一。安大略湖是五大湖中面積最小的（約一萬九千五百平方公里），但是蓄水量超過伊利湖（一千六百三十九立方公里），是世界第十四大湖，湖岸線長一千一百六十二公里，最深處有二百四十四公尺。

安大略湖的「富裕能量之門」，位於湖上的一塊神祕水域，由多倫多坐船出發，大約要半天的時間。該水域的水質與顏色，與其他水域不相同，很容易就能分辨，可想而知，神祕水域的振動頻率，比湖中其他水域的頻率要來得高。我穿上整身的裝備，浸泡在水域中，感到身體的能量波動不停地轉化，三大印記也不停地清理；當我回到船上時，身體感覺輕了許多，許多負面的訊息已經被高能量的水振動而排出，整個人神清氣爽。

### （5）不列顛哥倫比亞省的北方森林

加拿大的北方森林覆蓋了加拿大九百九十萬平方公里中的五百八十萬平方公里，占加拿大土地面積差不多三分之二，同時也占世界北方森林面積的三分之一。加拿大的北方森林東起大西洋沿岸的紐芬蘭省，西至太平洋沿岸不列顛哥倫比亞省北部，北至加拿大的北極圈附近的大部分領土。

北方森林的「富裕能量之門」，位於不列顛哥倫比亞省北部接近育空（Yukon）約二十公里處。該處的針葉林特別茂盛，跟一般針葉林區有所不同，特別的是在那塊區域，白天能夠透射進溫暖的陽光。我在那裡清理三大印記，剪除舊有的人生劇本，身體在陽光的照射下，感覺自己如白雪般的融化，與大自然合而為一。

## 歐洲的富裕能量之門

歐洲國家的「富裕能量之門」分布多位於西歐與中歐，東歐、南歐與北歐分布較少，分布區域也非常多元，但多位於自然區域。以下整理歐洲各國的「富裕能量之門」，提供給讀者參考。

## 【中歐】

### 德國的富裕能量之門

#### （1）巴伐利亞邦（Freistaat Bayern）的祖格峰（Zugspitze）

祖格峰（德語：Zugspitze），海拔二千九百六十二公尺，屬於阿爾卑斯山脈，是德國的最高山峰。祖格峰是楚格山脈的主峰，山脈中有兩條在德國極其罕見的冰川。

祖格峰的「富裕能量之門」，位於頂峰氣象觀測站南方大約零點五公里處，在那可看見祖格峰最高點的標誌「金色十字架」，也可遠眺奧地利境內，風景非常雄偉壯麗。

#### （2）狼堡（Wolfsburg）的福斯集團（Volkswagen Group）總部

狼堡位於德國中部不倫瑞克以北的阿勒爾河畔，是下薩克森州的一座城市。狼堡為福斯集團的總部所在地，福斯集團為世界最大的三家汽車製造商之一。

狼堡的「富裕能量之門」位於福斯集團總部內，這也是為什麼福斯集團能夠成為國際集團的因素之一。我藉由關係才能夠進入那神聖的區域，整個區域的財富能量非常強，難怪能撐起整個福斯集團；在那裡清理三大印記，讓我有不同於以往的感受，會接到一些全新的靈感，多與商業模式有關，這些靈感也幫助我在事業上有不一樣的成就。

## 奧地利的富裕能量之門

### （1）大格洛克納山（Großglockner）

大格洛克納山是一座標高三千七百九十八公尺的山峰，是奧地利海拔最高的山峰，相對高度二千四百二十三公尺，是阿爾卑斯山中相對高度第二高的山峰。

大格洛克納山的「富裕能量之門」，位於離頂峰東北方二點五公里處，該處顯得特別明顯，因為周圍積雪，唯獨「富裕能量之門」沒有積雪。在那裡清理三大印記，有種寧靜與舒暢的感覺。

### （2）維也納（Vienna）

維也納是奧地利共和國首都和維也納州首府，歐洲著名的國際都市之一，擁有許多重要的國際組織，例如聯合國和 OPEC（**O**rganization of the **P**etroleum **E**xporting **C**ountries，石油輸出國組織）。市內古典音樂氣氛濃厚，引來各國音樂家聚集於此，具「世界音樂之都」和「樂都」等美譽。

維也納的「富裕能量之門」位於多處，像是美泉宮（Schloss Schönbrunn）、漢高以及雷韋集團（REWE Group）分部、多瑙塔（Donau Tower in Vienna）等，每次去都會有所改變，是一個非常具有活力的都市，能量的流動非常的順暢。

## 瑞士的富裕能量之門

### （1）蘇黎世（Zürich）的瑞銀集團（UBS AG）總部

瑞銀集團是一個多元化的全球金融服務公司，它是世界第二大的私人財富資產管理者，以資本及盈利能力成為歐洲第二大銀行。瑞銀在美國備受注目，美國總部設在曼哈頓（投資銀行）、新澤西（私人理財）及康乃狄克（資本市場）。瑞銀的分行遍布全美國及五十多個國家。

瑞銀集團的總部有兩個地點，一個在蘇黎世，另一個在巴塞爾（Basel），而「富裕能量之門」主要位於蘇黎世的總部，這是就銀行而言，財富能量屬一屬二的地點，一般人雖然無法前往到最高能量區，但是在外圍就能感受其強大的能量。

### （2）阿爾卑斯山脈的三大山峰

位於瑞士阿爾卑斯山脈的三大山峰為：艾格峰（Eiger）三千九百七十公尺、少女峰（Jungfrau）四千一百五十八公尺及莫希峰（Mönch）四千一百零七公尺。

三大高峰都具有「富裕能量之門」，但是地點有所不同。艾格峰主要位於北坡（The Nordwand），非常難攀登，也因為鮮少人前往之緣故，能量為三峰中最高；少女峰的「富裕能量之門」位於史芬克斯觀景平台（Sphinx observation），此處為觀光地點，較容易前往；莫希峰的「富裕能量之門」位於接近頂峰處，成年積雪，不容易尋找。

## 【西歐】

### 英國的富裕能量之門

#### （1）倫敦的倫敦金融城（City of London）

倫敦金融城是英國英格蘭大倫敦地區正中央的城市，亦是倫敦的市中心。倫敦市是整個倫敦的商業與金融中心，與紐約市同樣對於全球金融業具有相當的領導地位。

倫敦金融城的「富裕能量之門」位於倫敦塔（Tower of London）中的白塔（White Tower），為倫敦塔中央主體建築。在那裡清理三大印記，會感受高尚的氣質，以及華貴的氣氛，有種貴族財富的能量。

#### （2）奧克尼群島（the Orkney Islands）上的無人島

奧克尼群島是英國蘇格蘭東北部一群島，南距蘇格蘭本土僅十英里左右，是蘇格蘭三十二行政區之一。該群島由七十個左右的島嶼組成，總面積九百九十平方公里，其中二十個左右島嶼有人居住，其餘皆無人居住。

奧克尼群島的「富裕能量之門」，位於最接近東北方的無人島上，該島由特殊礦石組成，因此顏色與其他島嶼有所不同。島嶼另一個特點就是：主要的能量區夜晚時會被潮水淹沒，白天正午時，能量區的面積達到最大，也是能量最強之時。

（3）北愛爾蘭的內湖（Lough Neagh）

內湖又譯內伊湖，是英國最大的湖泊，位於北愛爾蘭地區中部，面積三百八十八平方公里。內湖的「富裕能量之門」位於接近湖中心的一塊水域，那塊水域表面與其他水域差異不大，因此較難尋找。該水域特殊的地方，藏在表面之下，大約湖表面下約三公尺處，那裡有一股特殊的水流，充滿著能量，如果想要前往此處，必須利用潛水的方式。

## 法國的富裕能量之門

（1）巴黎的拉德芳斯（La Défense）

拉德芳斯是巴黎都會區首要的中心商業區，位於巴黎市西郊的上塞納省，鄰近塞納河畔納伊。其涵蓋的市鎮包括庫爾貝瓦以及皮托和南泰爾的一部分。

拉德芳斯的「富裕能量之門」位於新凱旋門（Grande Arche），是拉德芳斯商業區的一個地標建築。從建築結構的角度來看，新凱旋門外表像是一個四維的超正方體（一個超立方體）被投影到三維的空間中。

## 荷蘭的富裕能量之門

（1）阿姆斯特丹的南阿克西斯區（The South of Axis）

南阿克西斯區為荷蘭首都阿姆斯特丹新的金融和法律樞紐，該區域不僅坐擁荷蘭前五大律師事務所，而且還擁有包括波士頓顧問集團以及埃森哲公司在內的多家諮詢機構，阿姆斯特丹世界貿易中心也坐落於此。

南阿克西斯區的「富裕能量之門」位於阿姆斯特丹世界貿易中心中，確切的地點很難描述，大概接近貿易中心的西北方。

## 盧森堡的富裕能量之門

### （1）盧森堡市的歐洲投資銀行總部

歐洲投資銀行是歐洲經濟共同體成員國合資經營的金融機構。歐洲投資銀行不以營利為目的，其業務重點是：對在共同體內落後地區興建的項目、對有助於促進工業現代化的結構改革的計劃和有利於共同體或幾個成員國的項目，提供長期貸款或保證。

歐洲投資銀行總部的「富裕能量之門」位於內部的大廳中，由於投資銀行建築設計非常特殊，外觀環繞著透明玻璃，因此可以將能量聚集在大廳上。

## 愛爾蘭的富裕能量之門

### （1）莫赫懸崖（Aillte an Mhothair）

莫赫懸崖位於愛爾蘭西海岸克萊爾郡境內，是歐洲最高的懸崖，最高點高出大西洋海平面有二百一十四公尺，懸崖沿著愛爾蘭西海岸綿延八公里。

莫赫懸崖的「富裕能量之門」，會隨著不同時間在西海岸變換位子，夏天大約位在中間偏右三百公尺處，冬天大約位於中間偏左一千五百公尺處，春天與秋天位置不固定。

**【北歐】**

**挪威的富裕能量之門**

（1）格利特峰（Galdhøpiggen）

格利特峰是位於挪威斯堪的那維亞山脈中的一座山峰，是挪威及北歐最高的山峰，海拔高度二千四百六十九公尺。

格利特峰的「富裕能量之門」位於頂峰處，但是由於屬於冰川地形，山峰長期積雪，攀爬不易。

**丹麥的富裕能量之門**

（1）日德蘭半島（Jylland）附近的無人島

日德蘭半島是歐洲北部的半島，位於北海和波羅的海之間，構成丹麥國土的大部分。日德蘭半島的周圍有四百四十三個已命名島嶼（全丹麥共有一千四百一十九個島嶼面積大於一百平方公尺），其中有七十二個島嶼無人居住。

「富裕能量之門」位於日德蘭半島附近的無人島上，約在奧胡斯（Århus）外海大約十小時的航程，方向為西西南，該處人煙稀少，有豐富的自然生態。

### 瑞典的富裕能量之門

#### （1）諾爾蘭（Norrland）的凱布訥山（Kebnekaise）

凱布訥山是斯堪的納維亞山脈北部的一座山峰，位於瑞典北部的拉布蘭地區，靠近挪威邊境，為瑞典的最高峰，標高二千一百零三公尺。

凱布訥山有南峰（Sydtoppen）和北峰（Nordtoppen）兩個高峰，「富裕能量之門」位於南峰，接近山頂處附近的一個空地，空地處有一小型的石堆，看起來是人所為，可能是用來記錄此處特別的能量。

## 【南歐】

### 義大利的富裕能量之門

#### （1）庫馬耶（Courmayeur）的白朗峰（Monte Bianco）

白朗峰是阿爾卑斯山的最高峰，位於法國的上薩瓦省和義大利的瓦萊達奧斯塔的交界處。白朗峰是西歐與歐盟境內的最高峰，海拔為四千八百一十公尺。

白朗峰的「富裕能量之門」非位於山頂，大約位於標高四千五百零五公尺處。由於峰頂附近永遠覆蓋著厚實的冰雪，因此要找到此處不容易，且為了更接近能量源頭，必須把該處的積雪部分剷除。

### （2）馬拉內羅（Maranello）的法拉利（Ferrari S.p.A）總部

法拉利是一家義大利汽車生產商，主要製造一級方程式賽車、賽車及高性能跑車。早期的法拉利贊助賽車手及生產賽車，一九四六年獨立生產汽車，其後變成今日的規模，現在由飛雅特克萊斯勒汽車集團擁有。

法拉利汽車的 LOGO 本身就有財富的能量，位於義大利總部內，存在一個「富裕能量之門」，這也使得法拉利汽車幾乎與財富的象徵畫上等號。

## 西班牙的富裕能量之門

### （1）拉科魯尼亞（La Coruña）的 Inditex 集團總部

Inditex 集團，是西班牙排名第一、世界四大時裝連鎖機構之一。Inditex 旗下擁有 ZARA、Pull and Bear、Massimo Dutti、Bershka 等服裝品牌。在全球七十多個國家擁有超過四千四百三十家分店，其中 ZARA 這個品牌佔有一千三百四十一家分店。

Inditex 集團位於西班牙拉科魯尼亞的總部，占地非常大，總共有兩萬七千名員工，設備齊全；「富裕能量之門」位於設計部門的所在地，這也使得 Inditex 集團的服飾品牌能夠紅遍全世界。

## 【東歐】

### 俄羅斯的富裕能量之門

（1）西伯利亞（Сибирь）的泰加森林（taiga）

西伯利亞是俄羅斯及哈薩克北部的一片非常大的地域，占有整個北亞，面積約一千二百七十六萬平方公里。範圍西至烏拉爾山脈、東至太平洋、北至北冰洋，整個地域除了西南部分屬於哈薩克以外，其餘的都屬於俄羅斯，並且占據了其百分之七十五的領土。在北極苔原與溫帶主大陸之間，有一條寬達一千三百公里的森林帶，這就是西伯利亞的泰加森林，森林縱向延伸達一千六百五十公里，向北直至北極圈以內。

「富裕能量之門」位於西伯利亞的泰加森林區偏東北方，整個區域被針葉樹覆蓋，也因為處於高緯度地區，所以長年都有積雪。該區域有著明顯的特徵：從遠處觀看，能看見針葉林呈現V字型的排列，中心能量點位於V字的中央地帶。

### 賽普勒斯的富裕能量之門

（1）拉納卡（Λάρνακα）東方海域的神祕小島

賽普勒斯（Κύπρο）全稱賽普勒斯共和國，是位於歐洲與亞洲交界處、地中海東部的一個島國。

拉納卡是賽普勒斯的一個城市，位於賽普勒斯島之東海岸，是該國第二大商業港口和重要的旅遊城市。

「富裕能量之門」位於拉納卡東南方海域，約五個小時的航程，座落於地中海上。整個島嶼面積不大，島上布滿棕櫚樹，主要能量中心在島的正中央空地，由石堆組成，石堆呈現不規則的分布，石堆的石頭上隨處可見特殊的符號，非常類似當今的希臘文，增添這個小島的神祕性。

## 3. 清理三大印記碼

一般「清理專屬印記碼」分成六種方式，運用植物訊息碼、動物訊息碼、礦物訊息碼、宗教咒語、自然醫藥與神聖圖騰。三大印記組成的不同，六種方式使用的方式也有所不同。

- 植物訊息碼：影響身體磁場與環境磁場
- 動物訊息碼：影響人類的賀爾蒙
- 礦物訊息碼：影響人類 DNA 印記
- 宗教咒語：高波動的宇宙訊息碼
- 自然醫藥：符合身體共振波動的藥物
- 神聖圖騰：改變先天訊息的宇宙符號

## 4. 清除三大印記浸泡法

步驟：

1. 印記水療前一個小時不進食，大、小便排空。
2. 將空間燈光調整至微暗（留一盞小燈的光度）。
3. 開始放水後，使用 Egypt 水清理法。
4. 起初浸泡時，水溫約為攝氏三十六～三十七度。
5. 將空間燈光調整至微暗（留一盞小燈的光度）。
6. 全部泡在水中，包括頭（只留下鼻子、眼睛與嘴巴露在水面上）。
7. 持續浸泡十至十五分鐘，將水溫調整至三十八至三十九度，再逐漸提高到四十度或稍高。
8. 清除印記時間大約四十五分鐘，因為身體全部泡在水中，體溫無法發散，體溫會慢慢升高和水溫一樣。

# 三大印記清理技巧

## 隨時隨地都能清理三大印記

無論何時何地，只要你喜歡，都可以清理三大印記。不論是早上、中午或是晚上，任何你喜歡的時間，都能執行三大印記的清理。任何時間清理的功能也是一樣，最重要的還是持續清理。

由於每分每秒三大印記還是持續地累積，你永遠不知道它何時會影響你的生活，因此唯有不停地清理，才能避免問題一再發生；也因為清理三大印記，才能暢通你與造物主智慧的連結，讓你得到神性的靈感，執行造物主的創造。

## 清理三大印記是一輩子的事情

清理三大印記是一輩子的事情。你可能會覺得有負擔，但是其實剛好相反。當你養成清理三大印記的習慣，它反而可以幫你減輕更多的負擔，並讓你得到更好的生活；所以一旦開始清理三大印記，一般人也會持續地清理下去，因為他們會看見自己的改變。

## 不管什麼狀態都能清理三大印記

你在憤怒、悲傷、痛苦、難過等負面情緒時，依然能夠清理三大印記；也就是說，不管在什麼狀態，我們都可以清理三大印記，你不會因為負面的狀態，而影響三大印記的清理工作，也不會減輕清理的效率。甚至當你處在負面情緒時，更應該清理三大印記，因為此時三大印記處於快速累積的狀態。

清理的過程，可以讓你的情緒平靜與穩定，不但能減少三大印記的累積，也可以同時清理現在與過去的三大印記，減少人生問題的產生。

## 朗誦還是默唸「清理永久印記碼（宗教咒語）」？

不管是朗誦還是默唸清理永久印記碼（宗教咒語），效果都一樣，完全取決於你自己，你比較喜歡哪一個，就用那一種方式。你也可以聽聽自己內心的聲音，祂會告訴你，哪一種方式比較適合自己。

如果是在公共場合，比較建議用默唸的方式，因為你完全無法預料別人的腦袋會對你唸的祈禱文有什麼解釋，且通常為不好的解讀。

清理三大印記沒有既定的形式，非常地自由，你可以在不同時間、場合、環境，改變不同的方式，重點是你內心的真正感受。

## 清理三大印記時，不需要使用腦袋，只需要感恩

我有許多案例在清理三大印記時，會想著讓他痛苦的事情。其實不必要，因為你的想（思考），只是透過腦袋，對於整個清理工作沒有影響；再者我們很難知道，造成我們問題的真正原因；且通常你腦袋想的原因，都不是真正的原因，因此想再多，也只是壯大心智的發展。

我們在清理三大印記時，什麼都不用想，就是放空。你不用擔心清理的工作沒有進行，一旦開始清理，它必定會透過宇宙法則不停地在運作；當然也不要抱有期待，期待也是腦袋的作用，它只是一種欲望的表現。你唯一要做的就是感恩，感恩宇宙（自己）幫你剪除舊有人生，開創全新的劇本。

## 是不是要清理負面思維？因為會帶來問題

負面思維確實會帶來問題，但是我們不是清理負面思維，而是清理三大印記。負面思維無法清理，因為它是你選擇的思維，你不能清理自己的選擇，這是矛盾的行為；當然，你隨時可以改變思維，改變思維能夠減少三大印記的持續累積。

我們要清理的是負面思維已經形成的三大印記，這些三大印記是人生問題的根源。一般人即使認

為自己很正面，靈魂的深處一定還是會有三大印記，所以依然要持續地清理。

清理三大印記真正的目的，就是回到財富印記的高波動狀態，那時有全然的自由、愛、喜悅，與造物主智慧連接，得到神性的靈感，執行造物主的創造。

## 三大印記清理重點

### ◆世界永遠沒有改變，改變的是你的選擇，以及你對世界的看法

只要你清理三大印記，世界就會改變？

世界永遠沒有改變，改變的是你的選擇，以及你對世界的看法。當我們在清理時，會感覺世界改變了，其實不是世界改變，世界永遠繞著你轉，而是你改變了；因為你選擇不同的人生，並用不同的視野看世界，世界本來就在那裡，一點都沒有改變，只是你之前無法看見而已。

清理三大印記，你看見的世界將更接近真實的世界，因此清理的意義，另一個層面，其實就是清理你對世界的看法，以及腦袋對世界的解讀。在最初的狀態時，世界就在那裡，現在、過去以及未來都已經存在，你對世界原本沒有任何想法與看法，但是受到三大印記的影響，你會利用腦袋去解讀世界，產生評斷與批判。

如果我們持續清理三大印記，你會發現世界的一切都已經存在，只是看你如何選擇你要體驗的道

路。有意識的選擇會剪除舊有人生，走上靈魂創造之路；但是大部分人都是無意識的選擇，也就是在重複的劇本中，不停循環。

## 世界根本沒有問題，只是你看見問題

我們人生遇到的許多問題，其實就更高層次來看，根本就沒有問題，只是你的腦袋自己解讀為問題。我們的腦袋受到三大印記影響，會利用過去的記憶與經驗，去解讀遇到的事件。這樣的結果，會把一件單純的事件解讀為問題，但是真實的情況是：事件就只是事件，根本沒有問題存在。清理三大印記，回到財富印記的高波動狀態，能把腦袋對於事件的判斷消除，自然你就不再看見問題，因為你不再對事件加入想法與判斷，問題自然就不存在。

不是說看不見問題，就代表不用處理事件。舉例來說，當你在馬路上發生車禍，過去的你，思維可能為：運氣真糟、遇到了大問題、又要花錢修車等，但是這些其實都是受到三大印記影響腦袋所形成的評斷與批判；也因為你產生這些評斷與批判，整個人會朝著偏離的方向思考、言語與行動，往往造成不必要的後果。當你持續清理三大印記，你便會看出車禍只是個事件，而你當下要做的就是處理車禍這個事件，不需要產生評斷與批判，在這種情況下，你便能活在當下，做最正確的選擇。

## 清理三大印記，得到造物主的靈感，運用天賦

任何訊息只要一經過腦袋，必帶有某種程度的判斷與認知；但是造物主的靈感不經過腦袋，沒有判斷與認知，是全新的思維，才具有造物主的創造力。

控制自己的腦袋（心智），不是件容易的事情，它會竭盡所能的阻饒你，讓你無法接收神性的智慧，讓你活在痛苦中，讓你活在記憶中，讓你活在重複的模式中。因此我們必須持續地清理三大印記，才能脫離腦袋的控制。

每個人的天賦存在於心智中，造物主的工作，其實就是透過清理三大印記，得到來自造物主的靈感，利用靈感當作發起思維，再經過腦袋（心智）與天賦結合，並透過身體的行動，完成造物主的創造工作。由此可知，造物主的創造，必然是身心靈合一的行為，也就是：

靈感（神性智慧／超意識）——天賦（意識）——創造（意識／潛意識）

造物主的靈感，由於不經過腦袋思考，有些訊息如果不記錄，很快就會消失；但是，憶起的智慧，自己永遠不會忘記，只是有沒有善加利用。造物主的靈感是不間斷的，而且會不停地重複，用各種不同的方式向你呈現，只是看你自己能不能夠接收到。因此我們要持續地清理三大印記，讓靈感暢通無阻。

身體處於緊張狀態時，很難接收造物主的靈感；完美的平靜，是接收造物主靈感最好的狀態。造物主的靈感，會讓你產生自信，因為你本來就有完美的自信，只是回到最初的狀態而已。

當你認真使用天賦時，造物主的靈感往往都會降臨，只是很多人無法察覺，也不知道那是靈感，所以很多作曲家在作曲時（運用天賦時），就會有無限的靈感，這些都是從造物主智慧中擷取出來的結晶。

## 清理三大印記與開悟

清理三大印記，進入開悟的狀態，就是：一個靈感的念頭與想法，改變你心智（腦袋）對世界的解讀，從有解讀，變成沒有解讀，從有判斷，變成沒有判斷，即最初的狀態，也就是空。一般越喜歡用腦袋思考的人（心智越強的人），在開悟後越能體會空的狀態，因為體驗你所「不是」，才能體驗你所「是」，也就是過去過於使用腦袋思考的人，現在反而知道放空是什麼狀態。

處於開悟狀態時，你會清楚分辨、分離腦袋（心智）的思考與神性的靈感；處於開悟狀態時，你會發現有兩個層次的思維——腦袋的思維以及神性的思維。用腦袋的思維思考時，你會感到不安與恐懼；用神性的思維思考時，你會感到自信、平靜與喜悅。

# Ch 7 創造富裕／三大印記／人生七大課題Q&A

造物主創造一切美好事物。

——《聖經》

# 富裕的真理問題

**1. 財富與波動能量有什麼關係？**

財富本身就是一種波動能量的聚合體，財富波動能量越高，即會越快在物質世界中顯化財富。在創世紀之初造物主的創造下，最初每個人的財富印記都處在最高財富印記波動，人類在經歷了二元的分化與轉世，累積了大量的負債印記，財富波動能量開始降低，使得許多人在物質生活上經歷財富的匱乏與痛苦。

**2. 遵循富裕的真理，對我有什麼幫助？**

遵循富裕的真理，你能找回財富印記的高波動狀態，在這狀態下，能夠吸引財富的能量，讓你奇蹟式地創造財富。

**3. 一定要創造財富後，才能運用財富或是跳脫財富嗎？**

不一定，富裕的真理是全向性、連續性，因此即使你還未創造財富，一樣能透過遵循富裕的真理，運用財富或是跳脫財富。清理三大印記，相對較容易去體驗有效運用財富以及完全跳脫財富的過程。

### 4. 要如何知道我有沒有匱乏的心態？

當你處於匱乏狀態時，你的財富印記波動會非常低迷，此時對於金錢會有無比的恐懼，深怕自己失去某些財富，進而忘記真正的自己，忘記最初財富印記的高波動狀態。

### 5. 為什麼有些人沒有遵循富裕的真理，一樣能夠創造財富？

創造財富的方式有許多種，遵循富裕的真理只是其中一種，因此利用其他方式創造財富當然是有可能。但是真正創造財富的方式，一定是遵循富裕的真理，這種方式是最符合宇宙的基本法則；簡單來說，就是順著宇宙法則，而不是逆著宇宙法則。此外，有些人能夠創造財富，是由於累世有進行清理印記劇本，也就是東方所稱的福報。

# 世界印記富裕學問題

## ◆三大印記問題

### 1. 我要怎麼樣察覺自己內在深層的三大印記？

一般人很難覺察自己內在深層的印記，因為恐懼會把三大印記包裝起來（藏得非常好），因此一開始與其想盡辦法找到印記，不如直接清理印記。當清理印記到一定程度後，它自然會浮現，因為它已經藏不住。印記被你覺察後，再針對這部分的印記進行全面的清理。高意識的人，能夠透過內化，覺察到自己內心深層的印記。

**2. 清理法的意思是指清除未平衡的三大印記嗎？這股能量會轉化至其他次元或下一世嗎？**

只要這一世未清理或是未平衡的印記，都會轉化至下一世，或是接下來幾世，因為能量平衡的運作，是超越時間與空間，在更高層次的次元運作。

**3. 有什麼問題是清理三大印記也無法改變的嗎？**

基本上，人在一生中會遇到的問題，都與三大印記相關，因此只要清理三大印記，就能解決大部分的問題。特殊情況是靈魂自己的設定，有些靈魂在出生前，會為自己設定某些課題，這些課題無法透過清理消除，譬如一出生就手腳不全或是身心障礙；靈魂如此設定這些課題，是因為祂知道自己必須以這樣的狀態才能完成體驗。

**4. 三大印記通常會在人的身上停留多久呢？**

三大印記會殘留在靈魂上，直到能量平衡為止。

**5. 三大印記與宇宙意識課題之關係？**

三大印記會阻礙一個人開啟宇宙意識的課題，三大印記會造成身體的波動阻塞，阻撓高波動能量進入身體中。一旦印記不斷累積，宇宙意識也會被蒙蔽，因為高波動能量是開啟宇宙意識的重要鑰匙之一。

**6. 三大印記與感情課題之關係？**

三大印記會阻礙人完成感情課題，尤其是賀爾蒙印記，它會導致賀爾蒙的失調，讓人在感情世界中，產生許多愛情的錯覺，像是一見鍾情、愛情成癮、不能分離等；這些錯覺往往會讓人喪失對真愛的判斷力，因此靈魂就無法體驗到真愛，感情課題自然無法完成。持續清理印記，能夠穩定體內的賀爾蒙分泌，讓人看破愛情的陷阱，更進一步便能分辨真愛，也就能找到自己的靈魂伴侶(雙生火焰)。

**7. 三大印記與財富課題之關係？**

三大印記會阻撓人完成財富課題，尤其是負債印記。它會產生負債的負能量，使得財富無法順利進入人生劇本中，或是產生需求的能量，使得財富運用錯誤。不管是追求或是運用財富，清理印記都具有一定的重要性，持續地清理，才能確保財富的課題完成。

**8. 三大印記與身體課題之關係？**

影響健康課題的三大印記，多位於人的脊椎中，為祖先印記；在脊椎的不同部分，影響也有所不同，最常見的方式是透過疾病，阻撓人完成身體的課題。人在生病時，不只身體能量惡化，意識與靈魂的能量振動也會降低，因此對於完成其他課題，也會有顯著性的影響；由此可知，清理脊椎上的印記，變得格外重要。唯有持續清理印記，才能確保身體能量振動處於最佳狀態，這也是靈魂渴望之體驗。

**9. 三大印記與天賦課題之關係？**

三大印記會把眼睛矇住，不是阻撓你找到自己的天賦，就是讓你錯認自己的天賦。不管是哪一種結果，對於完成天賦的課題，都是負面的影響。清理印記能夠讓你的靈魂之窗開啟（宇宙意識的提升），加速找到你的天賦，讓你能有更多的時間運用天賦去幫助更多的人，以及去完成更多的人生課題。

**10. 三大印記與拉扯關係課題之關係？**

三大印記本身就是造成拉扯關係的主因，因為它的存在，導致兩個人的能量振動失調，振動無法達到平衡時，就會產生拉扯關係。

## 11. 三大印記與人際關係課題之關係？

三大印記會導致你與人之間的能量振動失調，失調的結果，人際關係會分離；因為能量無法平衡，會處於一種極度不安的狀態，因此人際關係的問題，與你身上的印記息息相關。持續清理印記，穩定與人的能量振動，增加親和力，讓你在人際關係上有顯著的突破，更重要的是，你會變得更正面與陽光。

# ◆清理三大印記問題

## 1. 持續地清理三大印記，就一定能回到財富印記的高波動狀態？

一定能回到財富印記的高波動狀態，因為我們每個人的靈魂本來就是財富印記的高波動狀態，你從來沒有離開過那個狀態，只是受到三大印記影響，無法真正體驗與覺察。所以我們要持續地清理三大印記，才能回到財富印記的高波動狀態，與神性智慧連接，得到神性的靈感。

## 2. 持續地清理三大印記，就一定能創造財富？

一定能夠創造財富，因為持續地清理，將回到最初財富印記的高波動狀態；在那個狀態下，會得到你所有想要的一切，包含財富、健康與愛情。利用神性的靈感創造財富，絕對超乎你的想像，在不知不覺中，你會得到所有想要的一切。這是造物主給我們最大的禮物——體驗真正的自己。

## ◆財富循環問題

### 1. 清理三大印記，就一定能改變財富循環？

每個人需要的時間不同，有些人花一天、一個月、一年、十年不等，要根據三大印記的比例與量而定。一旦改變，財富循環就會快速的提升。

### 2. 我要如何知道自己的財富循環？

可以將年收入與年份畫成曲線圖，得知自己的財富循環。沒有清理三大印記，財富循環一輩子無法改變。

## ◆富裕能量之門問題

### 1. 每個人一定都要去「富裕能量之門」清理三大印記？

不一定，有些人不需要前往富裕能量之門執行清理的工作，只要在家裡長期清理即可；有些人則必須去富裕能量之門執行清理的工作，因為靈魂要加速清理的作業。因此，要根據每個人靈魂的三大印記組成與量的狀況決定。

### 2. 如何找到適合自己的「富裕能量之門」？

每個人靈魂適合的「富裕能量之門」不同，主要與靈魂本源，以及自己身體的振動頻率特質有關。富裕能量之門是來自神性的智慧，持續地清理，祂會給你神性的靈感，讓你知道適合你的富裕能量之門。另一方式是，你們可以善用靈魂的語言——專屬印記碼。

## ◆世界印記富裕學問題

### 1. 遵循「世界印記富裕學」的五步驟，一定能創造財富？

一定能夠創造財富，不僅能創造財富，還能夠完成許多的人生課題。「世界印記富裕學」的五步驟，是神性智慧的精華與結晶，利用這五個步驟，能夠幫助人們更快速創造財富，並且完成人生課題，讓靈魂更進化。

### 2. 如何百分之百誠實面對自己？

我們的小我設立一層一層的關卡，為得就是保護自己的存在，就像洋蔥一樣；如果我們要誠實面對真正的自己，就必須把自己層層的剝開，承認自己的每一層面、每一思維、每一言語、每一行動以及每一狀態。只要你誠實面對自己，它便也不復存在。在過程中，如果有清理印記的工具，會讓你誠實面對自己的過程更順利。

## 3. 如何找到自己對財富最大的恐懼？

最大的恐懼永遠藏在最深處，我們必須一層一層的剝開，層層的覺察並持續清理三大印記，最後才能找到最大的恐懼。透過持續地清理，回到最初財富印記高波動的狀態，便能勇敢面對最大恐懼，因為知曉自己是更偉大的存在。

## 4. 如何找到自己的神性？

神性的狀態，永遠是全然的平靜、愛、喜悅與滿足，有全然的自信，清楚知道自己是誰、說什麼話、做什麼事情。持續地清理三大印記，能夠讓你回到最初財富印記高波動的狀態，在此狀態下，能夠利用神性的靈感，執行神性的創造。

## 5. 要如何知道自己是否是全然的喜悅？

全然的喜悅永遠不是肉體的喜悅，而是深層內心的喜悅；肉體的喜悅無法延續，深層內心的喜悅則可以長久。要判斷自己是否處於全然喜悅，非常容易，只要觀察自己喜悅的延續時間即可。如果喜悅只是短暫的時間，接著即變成空虛與無聊，如酒精、毒品所追求的狀態，就屬於印記劇本中的毒性設定；相反地，真正全然的喜悅，永遠不會停止，它永遠存在，只要你想到、說到、做到，你便感覺喜悅，那便是全然的喜悅。從事神性創造的人，就是長期處於全然的喜悅中。

### 6. 要如何學會感恩？

我們靈魂本是感恩與愛的存在，只需要憶起。

## 人生劇本與七大課題問題

### 1. 請問要怎麼樣改變反覆印記劇本？

只要相信能改變反覆印記劇本。即使靈魂在你未出生時，就已經決定這一生的所有體驗，你們仍然擁有自由的意識，這是造物主給你們的禮物，每個當下都能夠執行再創造，改變反覆印記劇本，轉化成平衡印記劇本，甚至是最高靈魂劇本。

要喚起你們的自由意識，必須做到身心靈的同步提升——身體能量的提升、意識的甦醒以及靈魂的意識進化。當你身心靈轉化，便能看見真相（看破假象），並且看到自己的過去劇本。此時，你會不停地清理印記以及克服心裡最大的恐懼，為了就是突破原來的重複困境。

但是要注意，當你改變時，周圍的人會感到恐懼，因為周圍的人內在靈魂也將提醒他進行靈魂印記的清理，他們會試圖阻止改變；你們只須遵循內心聲音，繼續地往前，就能改變劇本，演出一場最宏偉與輝煌的戲碼，活出有價值的人生。

**2. 要怎麼樣知道每個靈魂要的是什麼？**

你無法知道每個靈魂要什麼，也不需要知道，只要知道自己靈魂要什麼，這對你來說才是最重要的，每個人只要對自己的靈魂負責。

要如何知道自己的靈魂要什麼呢？有兩種方式。第一種方式，就是與高意識的人連結，這些人通常完成一些課題，他們曾經走過，因此能看出你的靈魂需求，給你最適合的建議；第二種方式，就是提升自己的身心靈，提升身體能量、意識甦醒以及提升靈魂的意識，當身心靈提升後，你本身就成為高意識的人，會清楚知道自己的靈魂需求，再也不需追隨他人，而是追隨自己的內心。

**3. 每個人生下來都有最高靈魂劇本嗎？還是只有特定的人？**

一般來說，最高靈魂劇本可分成狹義以及廣義兩種。狹義的最高靈魂劇本，只會出現在特定人身上，因為這些人將在這一生完成所有的劇本（之前已經輪迴好多世，完成其他課題），靈魂將成就完美的存在，並且不再入循環；廣義的最高靈魂劇本每個人都有，只是要從原本的反覆印記劇本或是平衡印記劇本改變，非常不容易。廣義的靈魂劇本，簡單來說，就是自己在一生中，達到靈魂體驗的最高標準（不一定是完成課題），活出自己最輝煌與宏偉的人生，此時靈魂也會是種存在的狀態。

**4. 怎麼樣選擇正確的劇本？什麼又是正確的劇本呢？**

選擇靈魂最高渴望體驗的劇本。在一生中，選擇最宏偉與輝煌的劇本，創造最有價值的人生，讓靈魂得到最大的體驗，並完成許多靈魂的課題。

**5. 請問完成七個課題後，最終我們會以什麼樣的形式存在？**

在最後一世，完成七個課題後，會成為完美合一的存在狀態。靈魂得到完美（完全）的體驗，將以肉身的型態成為造物主（神），因為靈魂本來如是，此時能創造任何一切，擁有無盡的愛與平靜；當你死亡後，將朝著更高層的次元前進，到達不同的遊戲場，進行更高次元的遊戲，無止境的提升。

# 七大課題個別問題

## ◆宇宙意識課題

**1. 請問宇宙意識課題要如何開啟？**

要開啟宇宙意識課題，基本上，要靈魂在這一生中已經安排體驗宇宙意識的課題，才有可能走向開啟之路。如果沒有準備開啟宇宙意識的人，很難接觸到相關的人事物；就算接觸，也不會有興趣，因為他們靈魂有不同的課題要體驗。

如果你已經讀到這本書，代表你的靈魂在這一生中，已經安排宇宙意識的課題，因為這本書本身就是開啟宇宙意識的一把鑰匙。至於如何開啟呢？尋找關鍵的鑰匙。每個人開啟宇宙意識課題時，通常會有一把關鍵鑰匙，可能是一個人、一本書、一部電影、一個地方等，透過關鍵鑰匙，你能開啟你的宇宙意識課題。

**2. 什麼是宇宙意識的進化？**

靈魂的意識進化，是完成宇宙意識課題的過程。每當你們憶起宇宙的運作法則以及真理，靈魂就會產生無比的喜悅。

## 感情課題

**1. 我要怎麼分辨我在一段感情關係中的是不是需求關係？**

一般人把兩人的感情世界包裝成浪漫與美妙，他們認為這就是真愛，但是大部分都是需求關係。

**2. 請問要怎麼判別自己是否受到賀爾蒙影響？為什麼賀爾蒙會影響？**

賀爾蒙最常影響的是感情關係，以下有幾個判別方式。第一，衝動的感情關係；第二，成癮的感情關係；第三，需求的感情關係；第四，痛苦的感情關係；第五，浪漫的感情關係。

印記會驅使賀爾蒙分泌失調，人一旦賀爾蒙失調，有關感情層面的感覺就會失控，無法維持平常的一般狀況，會出現平常不會出現的舉動，包括浪漫的舉動以及對愛情的衝動。

## 拉扯關係（業力關係）課題

### 1. 請問拉扯關係課題是什麼？

拉扯關係課題通常與前世息息相關，是前世未平衡的能量留在今世，透過拉扯關係達到平衡。能量運作的方式受到印記的影響，靈魂在其中想要體驗化解拉扯關係的過程，也就是能量平衡的過程；因此拉扯關係課題要完成，須謹慎處理與你有拉扯的任何關係，讓這些關係達到圓融的境界。

## 天賦課題

### 1. 什麼是天賦課題？

靈魂透過體驗完成各種天賦，利用天賦照亮別人。每個人在一生中，幾乎都有天賦課題，隨著時間點的不同，所能開啟的天賦也不同。簡單來說，有些人靈魂設定在小時候具有繪畫天賦，如果此人小時候完全沒有接觸繪畫，那他繪畫的天賦會在一段時間後消失，也就是說天賦沒有發展，靈魂不會再讓它存在，因為它的存在已經沒有意義，無法讓靈魂體驗完成天賦的存在感。

### 2. 天賦是每個靈魂設定都不同嗎？還是每世所擁有的天賦都不同？

天賦的設定，完全取決於你靈魂渴望的體驗。

## 財富課題

**1. 要怎麼樣能夠克服匱乏感？**

克服匱乏感的方式有許多種。第一，清理匱乏的印記；第二，改變思維，培養富足與感恩的思維；第三，面對恐懼，並克服恐懼，匱乏感最原始的根源其實就是對財富的恐懼；第四，多和富足與感恩等正面能量的人相處。

**2. 有關財富的課題，靈魂最大渴望的是什麼？**

每個靈魂針對財富課題最大的渴望不同，但是方向一致，就是達到全然豐富的財富印記能量。

**3. 請問世界上為什麼會有貧富不均這種不公平的現象？**

貧富不均的現象，不是個體靈魂所能決定，是集體靈魂創造的現象，也是集體意識造成的結果。

**4. 為什麼有些人生下來就很貧窮，而有些人生下來就很富有？**

不管生下來貧窮或是生下來富有，都是靈魂自己的選擇，之所以會如此選擇，是為了去體驗最高財富印記的過程。

### 5. 請問我該如何運用我的財富，才能完成靈魂的使命？

很多富豪都創造許多財富，但是他們未必完成財富課題，主要原因是：他們運用財富的方式，沒有達到靈魂最大的渴望。

## ◆身體課題

### 1. 請問什麼是印記瑜伽？

印記瑜伽是提升身體能量的一種清理運動，也是清理身體印記的一種清理工具。這項運動是來自造物主給予的靈感（訊息），很多案例也在此運動中，改變了許多，獲得益處。

以下是印記瑜伽的要領：首先將手平舉起，大約與肩同高，全身放鬆；下一步順著重力，將手甩至下方，每甩四次，就將十隻手指，大拇指對大拇指，小拇指對小拇指，形成一個拱形一次。重複此動作三十分鐘。

### 2. 重病患者有治癒的可能性嗎？

任何患者都有痊癒的可能性，主要的是自己靈魂的選擇。可見印記清理的重要。

**3. 身體的疾病所透露出的訊息，能用 Egypt 水清理法清理嗎？**

可以的，我們能夠利用透過 Egypt 水清理法轉化的高波動水，清理身體疾病的訊息，提升身體的波動，解決疾病的問題。

**4. 身體的課題是要體驗到哪種才算是完美呢？**

每個人一生的身體課題不相同，但是靈魂最想體驗的身體課題，是健康以及完美的身體，是身心靈合一的身體，因為身體對於靈魂而言，是一種體驗機會，讓祂體驗真正自己的機會。因此靈魂必然會希望身體能夠充滿高波動，並且非常乾淨（沒有毒素），祂才能有效地利用身體去體驗想體驗的課題。

**5. 有關於集體意識所造成的疾病，我該怎麼樣防治呢？**

只需要清理。將集體意識在你身體上形成的印記，完全地清理，能改變身體的不適。執行清理的工作，非常重要，因為你不知道疾病的原因；提前清理，對肉體來說，是最好的保護。

**6. 身體莫名的疼痛、不知名的病因，都和前世有關嗎？**

身體莫名的疼痛、不知名的病因，不一定與前世有關，但一定受到飲食習慣與印記訊息的影響。

### 7. 如何提升身體的能量？

要提升身體的能量，第一步要改變飲食，飲用 Eqypt 水，以及食入適合自己身體轉化的食物，才能確保身體細胞處於高能量的狀態；第二步要規律的運動，目的是保持身體的機動性以及促進身體細胞活化，讓身體能量的轉換速率提升，以維持高能量的狀態。

## ◆人際關係課題

### 1. 什麼是人際關係課題？

人際關係課題是靈魂為了體驗最高人際的關係，自己設定的課題。祂最想體驗的可能是成為一個人見人愛的人，將自己的喜悅與所有人分享，擁有非常良好的人際關係，對待任何人也都以大我（無條件的愛）來對待，就像是靈魂本來的狀態，完美以及無條件的愛。

### 2. 我的人際關係很差，我要如何改善我的人際關係？這輩子還有可能完成人際關係課題嗎？

人際關係差的原因，可能是靈魂的設定，也可能是受到印記的影響。不管是受哪一個影響，都能透過重新選擇（自由意識），改變你的劇本。

要改變劇本，首先要執行清理的工作。清理不僅能清除影響人際關係的印記，也能清除其他的印記，對於人際關係，絕對是正向的影響；接著要改變思維，讓思維變得正向，朝著最大愛的方向，跟正面的人相處，這是能量運作的基本原理。

這輩子還有可能完成人際關係的課題嗎？能完成的事情遠遠超乎你的想像。面對任何的挑戰以及自己內心的恐懼，你的靈魂會幫助你，為了創造最宏偉與輝煌的人生目標。

國家圖書館出版品預行編目資料

有錢人不一樣的財富印記：揭開生命從誕生以來即存在的財富烙印 / 金 . 卡洛斯 (Jim Carlos) 著 ; 張清譯 . -- 二版 . -- 臺北市 : 商周出版 : 英屬蓋曼群島商家庭傳媒股份有限公司城邦分公司發行 , 2025.07
面； 公分
譯自 : Karma management : the rich different fortune stigma

ISBN 978-626-390-577-1 ( 平裝 )

1.CST: 成功法 2.CST: 財富

177.2 114007355

# 有錢人不一樣的財富印記（暢銷改版）

## 揭開生命從誕生以來即存在的財富烙印

Karma Management: The Rich Different Fortune Stigma

作　　者 / 金・卡洛斯（Jim Carlos）
譯　　者 / 張清
企劃選書 / 徐藍萍
責任編輯 / 徐藍萍、賴妤榛

版　　權 / 吳亭儀、江欣瑜
行銷業務 / 周佑潔、林詩富、吳淑華、吳藝佳
總 編 輯 / 徐藍萍
總 經 理 / 賈俊國
事業群總經理 / 黃淑貞
發 行 人 / 何飛鵬
法律顧問 / 元禾法律事務所 王子文律師
出　　版 / 商周出版
台北市105南港區昆陽街16號4樓
電話：(02) 25007008　傳眞：(02)25007759
E-mail：ct-bwp@cite.com.tw
Blog：http://bwp25007008.pixnet.net/blog
發　　行 / 英屬蓋曼群島商家庭傳媒股份有限公司 城邦分公司
台北市105南港區昆陽街16號8樓
書虫客服服務專線：02-25007718；02-25007719
服務時間：週一至週五上午 09:30-12:00；下午 13:30-17:00
24 小時傳眞專線：02-25001990；25001991
劃撥帳號：19863813；戶名：書虫股份有限公司
讀者服務信箱：service@readingclub.com.tw
香港發行所 / 城邦（香港）出版集團有限公司
香港九龍土瓜灣土瓜灣道86號順聯工業大廈6樓A室；E-mail：hkcite@biznetvigator.com
電話：(852) 25086231　傳眞：(852) 25789337
馬新發行所 / 城邦（馬新）出版集團 Cite (M) Sdn. Bhd.
41, Jalan Radin Anum, Bandar Baru Sri Petaling, 57000 Kuala Lumpur, Malaysia.
Tel: (603) 90578822 Fax: (603) 90576622 Email: services@cite.my

封面設計 / 張燕儀
排　　版 / 極翔企業有限公司
印　　刷 / 卡樂彩色製版印刷有限公司
總 經 銷 / 聯合發行股份有限公司　新北市231新店區寶橋路235巷6弄6號2樓
電話：(02)2917-8022　傳眞：(02)2911-0053 客服專線：0800-055-365

■2014年11月11日初版
■2025年07月01日二版
Printed in Taiwan

城邦讀書花園
www.cite.com.tw

定價420元

 ISBN 978-626-390-577-1